에고, 내 마음

에고, 내 마음

초판 1쇄 발행 2023년 11월 25일

지은이 황정우
펴낸이 장길수
펴낸곳 지식과감성#
출판등록 제2012-000081호

교정 이주연
디자인 이현
편집 김초롱
검수 정은솔, 이현
마케팅 김윤길

주소 서울시 금천구 벚꽃로298 대륭포스트타워6차 1212호
전화 070-4651-3730~4
팩스 070-4325-7006
이메일 ksbookup@naver.com
홈페이지 www.knsbookup.com

ISBN 979-11-392-1435-2(03180)
값 16,700원

- 이 책의 판권은 지은이에게 있습니다.
- 이 책 내용의 전부 또는 일부를 재사용하려면 반드시 지은이의 서면 동의를 받아야 합니다.
- 잘못된 책은 구입하신 곳에서 바꾸어 드립니다.
- KOMCA 승인필

지식과감성#
홈페이지 바로가기

에고, 내 마음

황정우 지음

**마음의 고통을 안고,
회복의 길을 간다**

자아(ego)가 든든하게 중심을 잡고
기분 행성과 생각 행성을
끌어당겨 주어야 한다.

차례

여는 이야기 7

1부. 기억의 창고

- 몰라서 불안 25
- 불안한 사람들 30
- 우울한 사람들 34
- 하루를 버티는 사람들 38
- 추락하는 청년 42
- 마음의 태양 46
- 상처를 안은 사람들 50
- 만남에서 슬픔까지 54

2부. 고통봉

- 마음 아픈 사람들의 권리 63
- 약자가 먼저 통제된다 70
- 죄와 병 75
- 집보다 좋은 시설은 없다 80
- 고통의 바다 85
- 저항에서 수용까지 89
- 재난, 그 이후 93
- 최신에 밀려 버린 최근 97

3부. 소통의 문

- 마음 회복의 시작 105
- 산책을 해야 하는 이유 108
- 외출을 해야 하는 이유 112
- 마음 단련 116
- 몸 단련 122
- 사회적 단련 126
- 나를 위한 용기 130
- 마음 풍선 133
- 회복 탄력성 137
- 미주 씨가 회복할 수 있었던 이유 141
- 처음이라 희망적이다 145
- 청년의 꿈, 강력 스파이크 149
- 상처받고 용서를 하기까지 153
- 고난에서 감사까지 156

4부. 의미수호

- 봄 163
- 여름 167
- 가을 171
- 다시 돋우는 마음 174
- 겨울 177
- 또다시 봄 180

5부. 승화와 통합

- 행복에 대하여 187
- 행복의 조건 191
- 행복의 실현 195
- 소망의 언덕 202
- 희망을 보았는가 205
- 단점에 가려진 장점 210
- 인생의 선물 214

닫는 이야기 220

인용했거나 영감을 받은 문헌 226

여는 이야기

고통봉(峰)의 서쪽 끝에는 개미들이 살고 있는 성이 있다. 행복성이라고 불리는 이 성의 성주는 에고(Ego)이다. 그는 여러 부족의 개미들을 거느리고 있다. 개미 부족은 기쁨족, 희망족, 불안족, 우울족 이렇게 네 부족으로 그들만의 정서를 가지고 산다. 무엇보다, 행복성의 개미들은 착하고 부지런하다.

기쁨족, 희망족 개미들은 성 아래쪽 소통문 가까이에 마을을 이루어 살면서 성 안팎을 분주히 오간다. 이들은 성을 쌓기 위해 필요한 것들과 먹을 것을 구해서 옮기는 일에 여념이 없다. 기쁨족은 만족감(監)이라고 불리는 족장 그리고 희망족은 자신감이라고 불리는 족장, 이 두 족장이 각자의 부족을 거느리고 있다. 이들 족장들은 부족원들이 불만 없도록 리더십을 발휘하고 용기를 낼 수 있도록 독려한다. 그래서 기쁨족과 희망족 개미들은 서로를 신뢰하고 도우며 일하고 만족스러운 성과를 낸다.

부지런한 자신감은 매일 새벽 날이 밝음과 동시에 소통문을 활짝 열어서 행복성의 하루가 시작되도록 한다. 소통문이 열리면 아침 햇살이 성안으로 들어와 기쁨족과 희망족을 잠에서 깨운다. 그리고 햇살은 성 동쪽의 의미수호(湖)에 닿아 황금빛 물결로 부서진다. 의미수호 주변의 땅은 비옥하다. 그래서 승화(花)와 통합(合)이 햇살을 잔뜩 머금고 여름부터 가을까지 흐드러지게 피어난다. 승화와 통합에서 나오는 꿀은 아픈 개미들의 치료 약이 되고, 가을에 영그는 열매는 개미들의 식량이 된다. 하지만 동쪽의 고통봉에서 날아오는 벌들도 이 꿀을 개미들만큼이나 좋아한다. 벌들이 꿀을 호시탐탐 노리고 있기에 기쁨족과 희망족 개미들은 이를 지켜 내려고 바짝 긴장하고 있다. 그래서 벌들이 활동하는 낮 동안에는 시시때때로 고통봉을 바라보며 경계를 한다.

한편, 행복성 서쪽의 돌밭과 채석장 주변에 마을을 이루어 살고 있는 개미들은 불안족과 우울족이다. 이들은 다소 예민하고 까다로운 개미들이다. 그러나 불안족 족장인 통제감이 고군분투하여 다른 부족에게 뒤지지 않도록 부족원을 잘 통제하고 있다. 그리고 우울족은 간혹 지치고 힘들어하는 모습도 보이지만, 그래도 각자의 책임을 다할 수 있도록 부족장인 자책감이 섬세하게 돌보고 격려한다. 또한 이들 부족원끼리도 서로 간에 나누는 위로가 있어 비교적 잘 버텨 내고 있다. 그러나 우울족 개미들은 각자 속으로 쌓아 두었던 화가 폭발하는 날에는 한바탕 소동을 벌이기도 하였다.

불안족과 우울족은 돌밭과 채석장에 널브러진 크고 작은 돌들을 캐고 다듬어서 성을 쌓는 일을 한다. 돌의 종류는 여러 개가 있는데 성을 쌓는 데는 합리석과 의미석이 가장 좋다. 이 돌은 육각의 반듯한 모양을 갖추고 있어서 성벽을 쌓는 데 적합하다. 그러나 여기저기 곳곳에 널린 비합리석과 무의미석은 삐죽삐죽 혹은 둥글둥글하여 서로 아귀가 맞지 않는다. 그래서 비합리석은 합리석으로 귀퉁이를 쳐서 다듬어야 하고, 무의미석은 모든 면을 새로 깎아 내어 의미석으로 만들어야 한다. 통제감과 자책감은 이 돌을 개미들이 잘 골라서 혹은 맞지 않으면 잘 다듬어서 성을 쌓도록 감독한다. 지난봄에는 자책감이 거느리는 우울족 개미들이 무너져 내리는 비합리석에 깔려 한동안 성 쌓는 일이 멈춰 버린 적도 있었다. 그렇지만 모두들 열심히 일한 덕분에 성벽은 합리석과 의미석으로 점점 높게 쌓여 가고 있다.

이들 개미 부족원의 생애는 초승달부터 그믐달까지 열두 번 돌아가는 동안 이어진다. 생애는 짧지만 금세 애벌레를 키워 부족의 뒤를 잇도록 한다. 반면 족장 개미들은 훨씬 더 오래, 수년을 살 수 있어서 부족원들을 지속적으로 이끌 수 있다. 성안의 개미들은 잔잔한 기쁨에, 때로는 설레는 희망에 젖어서 하루를 보내는 모습이다. 물론 때로는 불안에 떨고 우울하고 분노하는 모습도 있지만, 그들은 충성으로 일하며 각자의 일과 직분에 충실하다. 그리고 동료 간에 나누는 우정과 애벌레에 쏟는 애정이 각별하다.

행복성의 주인은 에고이다. 에고는 50년 넘게 긴 세월을 살아왔다. 그가 불안족 통제감 출신이었다는 얘기가 전해진다. 그래서인지 통제감을 유독 더 신임하고 있는 것 같다. 에고는 성주가 된 이후로 부족원들 앞에 모습을 드러내지 않는 대신, 부족장들을 만나서 격려와 지시로 개미들을 이끈다. 에고는 지나온 여러 족장들을 하나하나

기억하고 있고, 특히 성 밖의 침입자 스트레스족과 트라우마족으로부터 겪은 시련의 경험도 고스란히 간직하고 있다. 이렇듯 에고의 소중한 경험들은 성의 북쪽 기억창고에 고스란히 보관되어 있다. 기억창고에는 자책감과 통제감이 에고로부터 찬찬히 전해 듣고 기록한 많은 책들로 쌓여 있다. 매해마다 기억창고를 하나씩 늘려 가지만 이제는 더 이상 창고를 지을 공간이 부족하여, 오래된 기억창고의 낡은 책들은 버리고 새롭게 창고를 지어야 할 형편이다. 그러나 낡은 기억창고를 허물자는 자책감의 건의를 에고는 묵살하였고, 결국 창고마다 책이 넘쳐서 장마철엔 습기 먹은 책에서 곰팡이가 피어났다. 아무튼 매일 밤 달빛 아래서 자책감은 지나간 일들을 에고와 함께 반성하고 기록하는 일에 몰두한다. 그리고 통제감은 내일의 일들을 에고와 함께 고민하고 설계하는 일에 매진한다. 이러한 모든 것을 챙기고 기록하려니, 달밤이면 에고와 두 족장은 잠을 못 이루는 경우가 많다.

저 멀리 동쪽 고통봉 기슭에서부터 굽이굽이 돌아 흐르는 강물은 인내(川)라고 불린다. 그 물줄기는 마침내 성 안의 의미수호(湖)까지 닿는다. 의미수호에서 다시 성 밖으로 인내의 동쪽 끝 계곡을 거슬러 한참을 더 올라가면 뭉게뭉게 안개가 나타난다. 여기부터 정상까지는 두려운(雲)이 드리워져 길을 잃고 헤매기 십상이다. 그리고 그 위로 두려운을 뚫고 우뚝 선 그것이 고통봉이다. 개미들이 두려워하는 스트레스족과 트라우마족은 바로 이 두려운 아래 골짜기에 집을 짓고 살면서 수시로 인내를 따라 내려와 행복성의 개미들을 괴롭히는 것이다.

스트레스족은 그 수가 개미들만큼이나 많다. 그러나 그들도 개미들만큼 오래 살지 못하니 다행이다. 스트레스족은 개미들을 해치기 위하여 관계침(針)을 들고 다닌다. 이 침에 쏘인 개미는 동료 간의 관계가 단절되고 혼자만 고립되는 병이 생긴다. 그래서 개미들은 스트레스족을 무서워한다. 더구나 트라우마족은 덩치가 크고 강해서 더 오래 살고 더 무서운 시간침(針)을 들고 다닌다. 그들은 수가 많지 않지만 한번 몰려오면 일하는 개미들을 흩뜨리고 시간침으로 무차별 공격한다. 시간침에 쏘인 개미는 바로 그 시간에 멈춰서 고정된다. 과거와 특정 시간을 맴돌면서 현재로 헤어 나오지 못한다. 그래서 개미들은 트라우마족을 두려워한다. 특히 불안족, 우울족은 이들의 침에 더 취약하여 한번 쏘이면 며칠을 한 자리에서만 맴돈다. 이렇게 관계침과 시간침에 쏘인 아픈 개미들이 모여서 회복할 수 있도록 몇 해 전 에고는 돌밭 아래에 조그만 마을을 만들었다. 이 마을은 아픈 개미들이 회복하여 각자의 마을로 되돌아가길 바라는 뜻에서 '우리마을'로 불린다.

 벌들은 덩치가 큰 데다 들고 다니는 침도 무겁기 때문에 땅에서 떨어져 높은 곳까지 날 수가 없다. 그래서 에고는 성을 되도록 높게 쌓아서 개미들의 생명과도 같은 승화와 통합을 지켜 내려 한다. 성 밖의 벌들이 최근 가을이 되어 더 부쩍 호시탐탐 의미수호로 넘어오는 일이 잦아지고 있기에, 에고는 여유를 가질 틈이 없다. 그래서 개미들이 성 쌓는 일에 더 속도를 내도록 족장들을 재촉한다.

오늘은 오랜만에 부족장들끼리 한자리에 모이는 자리가 만들어졌다. 통제감이 먼저 말을 꺼낸다. "요즘은 우리 성주님의 주문이 날로 늘어나 해야 할 일이 쌓여 있네요. 그런데 정작 부족원들은 그렇게 잔소리를 해도 듣기는커녕, 끼리끼리 모여서 웃고 떠들기 일쑤이니, 행여 성주님이 그 모습을 보고 화를 낼까 조마조마하네요." 이에 자책감도 "글쎄 말이에요. 이제 가을이라 날씨도 좋고 먹을 것도 많으니 부족들의 바람대로 좀 쉬면서 여유를 부려도 좋으련만. 성주님은 저리도 성 밖 벌들이 쳐들어올까 안절부절못하시네요. 나부터도 어느 장단에 춤을 춰야 할지 모르겠네요."라며 고개를 젓는다. 이에 자신감은 "아 그렇다면 우리 족장들이 성주님께 같이 가서 말씀을 드려 볼까요? 가을에는 좀 쉬엄쉬엄 성을 쌓고 부족들도 각자 겨울 준비를 할 수 있는 여유를 갖자고 말이에요."라며 만족감의 생각을 묻듯이 쳐다본다. 만족감은 한숨을 내쉬면서 생각에 잠겼다가 "사실 부족원들은 성주님을 직접 대면하지 못하니, 요즘 우리 성의 위기감에 대하여 피부로 느끼지 못하는 것이 당연하죠. 그저 부족들은 오늘 하루 어울려 웃고 떠들면서 일만 하면 되는 것 아니겠소. 그들마저 성 밖의 일로 벌벌 떤다면, 우리 족장들이 오히려 더 힘겨워질 것이니, 차라리 지금 이대로가 낫지요."라며 고개를 끄덕인다. 만족감의 말을 끝으로 더 이상 누구도 말을 잇지 못한다. 오늘도 푸념만 늘어놓고 이렇다 할 결론을 내지 못한 채 자리에서 일어나는 족장들. 해는 뉘엿뉘엿 서쪽 성벽에 걸려 있고 일하던 개미들도 하나둘 각자의 마을로 돌아간다.

 다음 날도 해가 뜨고 개미들은 정성 들여 돌을 다듬어 나르고, 한편에서는 왁자지껄 떠들면서 소통문을 오간다. 그리고 해가 지면 행복성의 고요함이 달빛으로 차오른다. 마을로 돌아온 개미들은 각자의 애벌레들과 오손도손 모여서 낮에 거둬들인 열매로 배를 채운다. 이내 밤은 깊어진다. 개미는 달빛에 비쳐 길게 이어진 성벽과 그 위에 쏟아지는 별을 바라보며 내심 뿌듯함을 느낀다. 그리고 별처럼 초롱한 애벌레들을 재우기 위하여 지나온 부족의 이야기, 오늘 성벽을 넘어 날아온 착한 나비족에게 전해 들은 고통봉 벌들의 동향들을 소담소담 전한다. 그렇게 밤이 가고 날이 가고…. 기쁨, 희망, 불안 그리고 우울의 각자 색깔로 살아온 개미들은 어느 새벽 그믐달로 기울게 되면, 아침 해에 슬며시 사라지고 마는 것이다.

여기까지 여는 이야기를 마치고, 이제부터는 자책감과 통제감이 지난 계절 동안 정리한 이야기를 시작한다. 이것들이 책으로 엮이는 가운데 청년 '달리(Dall·E)'가 삽화 작업을 해 주었다. 달리는 기쁨족 청년으로서 그 출중한 재능을 만족감이 추천하였다.

1부

기억의 창고

에고의 기억들은 두터운 책들로 창고에 쌓여 있다. 참 좋았던 기억, 너무 힘들었던 기억, 의미 있고 소중한 기억들은 언제든 에고에 의해서 더듬더듬 찾아지고, 때로는 문득문득 스스로 솟아오른다. 자책감과 통제감이 그런 기억들에 현재를 곁들여 함께 버무린다. 그러면 기억들은 또 다른 모양으로 숙성된다. 기억이 숙성된다는 것은 새롭게 그림으로 그려지는 것이다. 그 순간순간의 생각이 밑그림으로 그려지고, 그 순간순간의 느낌으로 다시 채색되어, 한 페이지 한 페이지 엮어지는 것이다. 하지만 별 의미 없고 하찮던 많은 기억들은 기억과 시간의 작업꾼이 있는 현재로 소환되지 못한다. 소환되지 못한 기억들은 창고의 팍팍한 공간을 떠돌다 먼지처럼 가라앉아 쌓이고 또 쌓인다.

몰라서 불안

나는 또래들보다 두 달이나 늦게 유치원에 들어갔다. 당시 내 또래들은 유치원에 안 가는 것이 흔한 일이었다. 맞벌이로 바빴던 부모님은 아들의 유치원 입학을 놓쳤고 나중에 뒤늦게라도 보내야겠다는 생각을 하셨나 보다. 아무튼 그렇게 유치원에 갔던 첫날은 친구도, 선생님도 모두 낯설고 나만 뒤쳐져 있는 것처럼 느껴졌다. 두 번째 날에는 유치원에 있는 모든 것이 두렵기까지 했다. 그래서 나는 엄마에게 집이 더 좋다며 유치원을 안 가겠다고 떼를 썼고, 세 번째 날 유치원을 그만두었다. 그렇게 나는 단 이틀의 출석으로 유치원 중퇴라는 학력을 취득할 수 있었다. 그리고 어느덧 나의 딸이 그때 내 나이가 되어 유치원에 들어갔다. 유치원 끝나는 시간에 아빠가 데리러 가면, 딸은 집보다 유치원이 더 재미있다며 더 놀다 가겠다고 떼를 쓰곤 하였다. 아빠와 딸은 너무 달랐다. 그 시절 나는 유난히 낯을 가리고 새로운 것에 대한 두려움이 많았던 것 같다.

코로나19가 한창이던 몇 해 전, 사람들은 많이 불안하고 두려웠다. 코로나 극복을 위한 결정적인 대안이라고 하는 백신 예방 주사 접종에 대해서도 많이 주저하였다. 그런데 나는 정신질환자를 위한 기관에서 근무한다는 이유로 예방 주사를 제일 먼저 맞았다. 맞고 나서야 불안과 두려움은 완화되었고, 결국 5차 예방 주사까지 주저 없이 맞았다. 그리고 그 흔한 코로나를 아직 한 번도 겪지 않았다. 예방 주사를 맞지 않은 사람보다 먼저, 여러 번 경험했으니 그에 대한 불안과 두려움이 적을 수밖에 없었다.

'불안'은 미래에 대한 막연한 감정이다. 지속적으로 막연한 것 자체가 고통이므로 불안은 곧 고통의 한 종류로 볼 수 있다. 아직 일어나지 않은 미래, 누구도 쉽게 예측할 수 없으니 불안이라는 감정은 늘 사람들을 따라다닌다. 불안이 있어야 조심하게 되고 무언가 대비할 수 있기 때문이다. 그렇다면 막연함에서 벗어나 미래를 제대로 예측할 수 있는 방법은 무엇일까? 그것은 예측할 수 있는 자세한 정보를 획득하는 것이다. 그러면 미래를 정확히 예측할 수 있어 막연함이 걷히고 불안도 사라질 것이다.

얼마 지나지 않아 우리는 코로나와 예방 백신에 대하여 더 많은 것을 알아냈고 그에 대한 불안도 더욱 사라졌다.

한편 '두려움'은 안 좋은 것에 대한 무기력한 감정이다. 무기력의 감정들은 누적되고 그것은 스스로를 한층 더 옥죄는 것이 되면서, 이것 역시 큰 고통으로 다가온다. 우리가 안 좋은 것을 안다고 해서 대비책을 모두 가지고 있는 것은 아니다. 누구나 나이를 먹어 가며 다가오는 죽음에 대하여 유독 무기력할 수밖에 없다. 만약 죽음을 경험해 볼 수 있고 통제력을 갖게 된다면 두려워하지 않을 것인데 말이다. 그래도 다행스러운 것은, 코로나와 같은 감염병, 불치병들을 사람들이 하나하나 극복해 가고 있다는 것에 위안이 된다.

불안의 반대는 무엇일까? 미래에 대한 정확하고 긍정적인 예측, 즉 '안도 혹은 낙관'이 될 것이다. 그렇다면 두려움의 반대는? 많이 경험해 보고 그러면서 생기게 되는 '친숙감 혹은 통제감' 정도가 아닐까. 우리가 코로나에 대하여 안도하게 되었고, 어떻게든 통제감을 획득하게 된 것처럼 말이다.

나는 조현병을 앓고 있는 정신질환 당사자 분들을 매일 만나고 있다. 그들을 알고 있으니 그들이 두렵지 않다. 친숙하다. 그리고 앞으로 나이를 많이 먹고 나서는 죽음에 대하여도 조금은 더 친숙해지고 싶다. 그래서 훗날에 두려움 없이 죽음을 맞고 싶다는 소망을 가져 본다.

불안한 사람들

　기분은 긍정적인 기분과 부정적인 기분이 있다. 부정적인 기분이 강하게 오래도록 지속되면 불안과 우울 같은 고통이 된다. 지나온 것에 대한 안 좋은 감정이 우울이라면 다가올 것에 대한 안 좋은 감정은 불안이라 할 것이다. 불안은 원래 자신의 안전과 성과를 확보하려는 의도의 순기능을 가지고 있다. 토끼는 먹이 사슬의 하위에 있는 동물로서 항상 눈을 크게 뜨고 귀를 쫑긋 세워 주위를 경계해야 맹수로부터 잡아먹히지 않는다. 나도 학창 시절에 못다 한 숙제나 준비물이 없는지 늘 확인하는 습관이 있었고 시험에 대한 압박도 남달리 심했던 것 같다. 그래도 그런 불안과 긴장 덕분에 성적을 유지할 수 있었으리라.
　하지만 불안에 지속적으로 강하게 노출되면 범불안장애, 사회불안장애, 공황장애 혹은 강박장애, 외상후스트레스장애로 악화되어 삶이 한층 고통스러워진다. 최근에 주위에서 이런 마음의 병을 얻어 고통받는 이들을 어렵지 않게 볼 수 있다. 사실 인간은, 토끼는 물론 맹수까지 통제할 수 있어서 더는 천적이 없는 먹이 사슬의 최상위에 올라섰다. 그런데 우리는 여전히 불안에 시달린다. 왜일까?

인간은 수렵 채집으로 씨족을 이루어 살다가 농경 사회가 되어 큰 마을을 만들었고, 산업 사회가 되면서는 대도시에 운집하게 되었다. 너무나 많은 사람들이 비좁게 살다 보니 공간과 자원에 대한 경쟁과 갈등도 점점 더 심해졌다. 결국엔 인간의 천적은 바로 옆의 인간이 되어 버린 형국이다. 자연 재난과 더불어 가중된 사회적 재난에 불안은 더 심화되었다. 예전과 다르게 서로를 믿지 못하고 가까이 사귀는 것에 불안을 갖게 되었다. 아마도 과도한 공동체 밀집이 이미 개인의 생태적 관계에 대한 수용의 범위를 넘어섰기 때문은 아닐까. 그러나 여전히 우리는 관계에 목마르다. 그래서 옆집에 누가 사는지는 애써 외면하면서도 밤늦도록 사이버 공간을 뒤지며 억압된 관계적 본능과 불안을 해소한다. 불안은 이유 없이 오지 않는다. 그러나 한편으로는 이유 없는 파도처럼 밀려오는 것 같기도 하다. 코로나가 지나가더라도, 원하는 정당이 정권을 잡더라도, 우크라이나 전쟁이 끝나더라도 불안은 여전히 밀려올 것이다.

 사람과 사람이 만드는 불안의 파동에 적당한 거리 조절이 가능하다면 짜증과 고통 대신에 위안의 공명을 얻을 수 있을 것이다. 그동안 사회적 거리 두기를 통해 우리가 배운 것이다. 관계에 목마른 것이 인간이지만, 관계에 치였을 때는 거리 두기가 필요하다. 마음에 불안이 계속 밀려온다면 차를 몰고 달려 보자. 땅끝 바닷가에서 밀려오는 파도를 물끄러미 한참 바라보고 있으면 이내 위안과 평온이 밀려온다. 배낭을 꾸려 산을 오르자. 하늘 끝 정상에서 지긋이 아래를 굽어보면 이내 안도와 감사가 밀려온다. 그저 가만히 바라만 보고 있어도.

우울한 사람들

　사람의 정신은 '기분'과 '생각'으로 대변된다. 그리고 그 둘을 통제하는 것이 '자아'이다. 그래서 정신에 대하여 설명을 해야 한다면 주로 이 세 가지로 말한다. 우선, 기분은 긍정적인 기분과 부정적인 기분이 있다. 부정적인 기분이 강하게 오래도록 지속되면 우울과 불안 같은 고통이 된다. 사람들을 고통으로부터 벗어나게 하기 위하여 현대 과학은 우울과 불안이라는 실체에 대하여 많은 연구를 하였다. 그래서 우울증은 현대인을 힘들게 하는 대표적인 마음의 병이고 이는 치료를 요하는 것임을 모두가 알고 있다.

　지영 씨는 50대 여성으로서 직장에서 인정을 받아 현재는 임원으로 일하고 있다. 그러나 그녀는 어린 시절에 알코올 중독인 엄마로부터 오빠와 비교당하면서 차별과

구박을 받았다고 한다. 그리고 20대 후반에 결혼 후 고부 갈등으로 남편과 이혼하였고 그 후로 우울증에 시달리고 있다. 잠을 이루지 못하면서 자신에 대한 무가치함과 삶의 무의미함에 젖어 들곤 하는데, 점점 견뎌 내기 힘든 고통이라고 한다. 특히 평소에 스트레스가 겹치면 예민해지고 심한 짜증을 가족이나 지인에게 표출한다. 최근에는 그런 자신의 행동에 대한 죄책감에 시달리며 극단적인 생각까지 하게 되었다고 한다.

우울한 사람은 그렇지 않은 사람보다 자기통제감에 대한 환상이 작을 수 있다. 자기통제감에 대한 환상은 자기 능력에 대한 낙관이며 관대함이다. 지영 씨처럼 우울한 상태에서는 자기에 대해 덜 관대하고 덜 낙관적이라서 냉혹하게 판단하고 때로는 심하게 자책하는 경향이 있다는 것이다. 그래서 이런 분들은 현실을 보다 정확히 인지하고 그에 대처하려는 경향이 있다. 이런 우울 현실주의 관점에서는 우울이 때로 삶에서 발전적으로 작용한다고 보기도 한다. 그러나 겉으로는 유능한 사람이지만 내면으로는 고통을 느끼고 자신을 불행한 사람으로 몰아가기도 한다. 그리고 점점 감당할 수 없는 현실 앞에서 체념하고 회피하게 된다. 이미 그때는 우울이 삶에서 헤어 나올 수 없는 문제가 된다.

우리 사회는 성과주의와 경쟁주의에 매몰되어 그것이 만들어 놓은 기념비, 그 뒤에 드리워진 그늘을 간과한다. 우울은 가볍게 지나가는 과정일 수 있지만, 어둠으로 짙어져 삶의 큰 불행을 파생시키는 경로, 나아가 죽음을 부르는 종착지가 될 수도 있다. 이제는 우울을 개인 문제에서 벗어나 가족, 조직 그리고 사회의 문제로 다루어야 할 때이지만, 안타깝게도 여전히 많은 사람들이 자기만의 어두운 늪에서 고통받고 있다.

인간의 뇌는 상상 이상의 가능성과 능력을 가지고 있지만, 한편으로는 우울이나 불안과 같은 부정적인 기분에 장기적으로 노출될 때 유독 취약해져서 제 기능을 하지 못하고 멈춰 서거나 혹은 합리적이지 않은 선택으로 더 고통스러운 삶을 만들기도 한다. 인간의 생각은 수십만 년 동안 바뀌는 환경과 발전하는 문명에 떠밀려 변모하였는데, 유독 기분은 오래전 생물학적 상태를 고수하면서 그 자리에 머물러 있는 듯하다. 뇌에서 발생하는 생각과 기분의 괴리감은 이른바 세대 차이로 서로 마찰하게 되고, 때로는 고통을 가중시키고 있는 것이다.

하루를 버티는 사람들

 2022년 오미클론의 대유행 속에서도 베이징 동계 올림픽의 꽃들이 피어나고 있었다. 동계 올림픽 스노보드 2연패를 달성한 클로이 김이 피워 낸 꽃은 유독 아름다웠다. 그녀는 이전 평창 동계 올림픽 금메달리스트로서 사람들의 기대와 관심 그리고 인종 차별로 큰 고통을 받았다. 이전에 받았던 금메달을 쓰레기통에 버려야 할 정도의 우울증에 시달렸지만, 그녀는 세계 정상에 다시 오르고야 말았다.

 클로이 김의 성공 이야기는 힘든 사람들에게 희망을 줄 수 있는 귀한 것이다. 그러나 한편으로 이런 '성공 모델'이 항상 희망적이지는 않다고 우울장애를 겪고 있는 당사자는 이야기한다. 이렇게 흔히 없는 성공 사례는 그들에게 비현실적 이야기로 받아들여지고, 오히려 희망 고문으로 다가온다는 것이다. 다만, 고통의 오늘 하루를 어떻게 버텨 낼 것인지의 문제가 이들에겐 더 절박하다. 대다수 우울장애를 앓고 있는 이들은 희망의 결핍 속에서 매 시간을 버텨 내야만 하는 '생존 모델'에 가깝다고 볼 수 있다.

우리 각자의 삶은 성공과 생존의 중간 어딘가에 머물러 있을 것이다. 행여 좋은 조건이 충족된다면 성공에 가까운 삶이고, 그렇지 못할 경우는 고통스러운 하루를 버텨 내야 하는 절박한 삶이 될 수도 있다. 본질적으로 우리 삶은 성공보다는 생존에 가깝다. 지독한 생존에 멈춰서 아직 한 걸음도 내딛지 못하는 상황에서, 몸을 들춰 고개를 들고 발 디딜 곳을 내려다볼 수만 있다면, 바로 거기서 오늘의 생존이 시작된다. 매일 아침 어렵게 눈을 뜨고 천 근 같은 몸을 일으켜 전쟁 같은 하루에 뛰어들어야 하는, 아주 작은 시도에도 큰 용기를 발동해야만 하는 그들은 실패의 한 계단을 밟고 버티며 안간힘을 쓰고 있다. 영광의 금메달을 쓰레기통에 버리는 것과 오늘의 쓰디쓴 실패를 쓰레기통에 버리는 것은 별반 다르지 않다. 그렇게라도 해야 오늘을 버티는 용기를 가까스로 부여잡을 수 있을 테니까.

"올림픽의 의미는 승리가 아니라 참가에 있으며, 인생의 의미는 성공이 아니라 노력하는 과정에 있다." - 쿠베르탱

추락하는 청년

두 해 전 코로나가 한창이던 가을로 기억을 더듬는다. 내가 근무하고 있는 '우리마을'은 정신질환을 앓고 있는 분들이 수개월 머물면서 사회로 나가기 위한 길목의 역할 그리고 마음이 힘들 때 안정을 취할 수 있는 쉼터의 역할을 하는 정신재활시설이다. 우리마을 사람들은 매주 PCR 검사를 해야만 했고 하루 종일 마스크의 답답함에 허덕이고 있었다. 그래서 나는 점심 식사 후 짬이 날 때면 사무실 근처 편의점에서 아이스크림을 하나 사서 근처 아파트 공원으로 갔다. 거기서 잠시 마스크를 벗고 아이스크림을 베어 물었다. 공원은 벚나무 여러 그루가 우거져 그늘을 만들어 주었고 사람도 없는 오후의 한적함이 있는 공간이었다. 벚나무 아래를 서성이며 나무 위를 쳐다보면 수많은 잎들이 팔랑이며 그 사이사이로 드러나는 하늘빛이 참 좋았다. 언제부터인가 그 올려다봄의 평온함이 귀한 여유로 다가오는 것이었다.

그러던 어느 날, 우리마을에 입소하여 지내고 있던 승미 양이 아침 일찍 외출을 나간 뒤 들어오지 않고 오전 내내 연락이 끊겨 버린 것이다. 일단 승미 양의 가족에게 연락하고 가출 신고를 하였다. 그리고 직원들은 승미 양이 종종 이용하였던 인근 편의점과 공원을 찾아다녔다. 결국 점심 무렵이 되어서야 승미 양의 아버지에게서 전화가 왔다. 방금 경찰에게서 전화를 받았는데, 오늘 아침 승미 양이 우리마을 근처 아파트에서 뛰어내렸고, 사망한 채로 발견되었다는 것이다. 그 순간, 분주했던 우리마을의 하루는 멈추어 버렸다.

승미 양은 유난히 조용하고 순응적인 청년이었다. 몇 해 전 조현병 진단을 받고 정신병원 입퇴원을 반복하다가 두 달 전에 우리마을로 왔었다. 자신이 좋아하는 프로그램 몇 개만 참여하였고 대개는 4층 자신의 방에서 핸드폰을 하고 가끔 편의점을 가거나 공원을 산책하는 정도로 외출을 하였다. 초발이니까 앞으로 잘 관리만 하면 정상적인 사회생활로 나갈 수 있음을 선생님들이 독려하였다. 이제 퇴소를 한 달 앞두고 가족과 살지 아니면 다른 주거를 마련할지, 담당 사회복지사와 결정을 하였고 그에 필요한 퇴소 준비를 하던 중이었다. 이날 아침 승미 양은 벚나무가 우거진 그 위 아파트 10층으로 올라갔던 것이다. 너무도 갑작스러운 소식에 모두들 충격에 빠졌다.

  승미 양이 이날 아침 아파트 위에서 바라본 벚나무 숲은 어떤 모습이었을까? 같은 나무지만 위에서 내려다볼 때와 아래에서 올려다볼 때는 분명히 다른 모습이었을 것이다. 나는 그 나무 아래에서 올려다보는 하늘로부터 평온함과 위안을 얻곤 하였는데, 승미 양은 어떤 마음으로 나무들을 내려다보았을까? 나는 올려다보는 하늘로 결코 다가갈 수 없었지만, 승미 양은 한 발만 디디면 순식간에 떨어져 맞닿는 벚나무를, 얼마나 두렵게 내려다보았을 것인가. 그리고 그 아래 딱딱하고 시커먼 보도블록을 얼마나 아프게 만났을 것인가…. 우리는 한 시절 같은 공간이었지만, 그 시선의 방향이 달랐던 까닭에 너무나 다른 것을 보았고 다른 것을 생각하고 느꼈다. 그리고 다시 만날 수 없는 먼 곳으로 갈라서고 말았다.

마음의 태양

 사람의 마음은 '기분'과 '생각'으로 구분된다. 그리고 그 둘을 통제하는 그 무엇을 '자아'라고 본다. 그래서 마음에 대하여 설명을 해야 한다면 주로 기분, 생각 그리고 자아를 언급하게 된다. 기분을 높낮이로 구분한다면 들뜬 기분과 가라앉은 기분으로 말할 수 있을 것이고, 비유를 하자면 그 들뜸과 가라앉음의 양 끝을 기점으로 기분이라는 행성이 공전을 한다고 볼 수 있다. 그런데 지속되는 강한 스트레스와 생물학적 유전 요인이 겹쳐지면 기분은 정해진 공전의 궤도를 이탈하여 극도로 들뜬 기분까지 치닫거나 극도로 가라앉은 기분의 바닥을 칠 수 있다. 이렇게 정해진 궤도를 이탈하여 극단의 기분 상태에 일정 기간 머물면서 순환의 주기를 띄는 마음의 상태를, 정신의학에서는 조울병 혹은 양극성장애라고 명칭한다. 즉,

극도로 들뜬 조증 상태에서 마치 자신이 무엇이든 할 수 있을 것 같은 과대한 생각에 빠지고 그 생각을 실제로 행동에 옮기기도 한다. 며칠 동안 잠도 자지 않고 떠오르는 생각과 행동에 에너지를 소진한다. 그러면 가족이나 주위 사람도 감당하기 어렵게 된다. 그러다가 마침내 정신적, 육체적 연료가 고갈되어, 질주하던 차의 엔진이 꺼진 듯 멈춰 서게 되면 이내 신체적 고통을 동반한 긴 우울 상태로 빠져 버린다. 그런 조증과 우울 상태가 수주 혹은 수개월을 주기로 순환한다.

우리가 잘 알고 있는 문학가 헤밍웨이는 조증 상태에서 많은 작품들을 남겼다고 한다. 자신의 믿음과 열정에 심취하여 밤낮으로 몰두하면서 마침내 위대한 작품을 탄생시킬 수 있었다. 그러나 나는 정신건강 상담 현장에서 이러한 성공 모델보다는, 스스로 감당하기 어려운 기분 변동으로 고통의 하루를 힘겹게 부여잡아야 하는 생존 모델을 더 많이 만났다.

지구가 공전 궤도를 벗어나지 않고 태양과 적당한 거리에 머물 수 있다는 것은 모든 지구 생명체의 안녕을 위한 숭고한 축복이 아닐 수 없다. 그런데 최근 지구에 불어닥친 이상 기후의 징후들이 수십억 년 동안 유지되어 오던 축복을 위협하고 있는 것임을, 우리는 이제야 깨닫고 있다. 우리의 기분 행성도 일정한 궤도를 유지할 수 있어야 축복이다. 그런데 정해진 기분의 궤도를 벗어나는 기분장애의 질환 발병률이 점점 늘어나고 있다. 이상 기후와 마찬가지로 이상 기분도 현대인에게 경고의 메시지를 보내고 있는 것이다.

이상 기분은 서로를 당겨 주는 인간관계 중력 간에 문제가 생겼을 때 발생된다. 지구를 든든하게 끌어당기면서 365일의 축복을 내려 주는 태양처럼, 우리 마음도 정해진 궤도를 벗어나지 않도록 끌어당겨 주는 든든한 그 무엇이 필요하다. 든든한 마음의 태양으로 우선은 자아를 꼽아야 할 것이다. 자아가 든든하게 중심을 잡고 기분 행성과 생각 행성을 끌어당겨 주어야 한다. 그러니 상담 장면에서 자아존중감, 자기효능감, 자기통제감 그리고 탄력성을 중요시하는 것이다. 그리고 그다음 든든한 마음의 태양은 다름 아닌 어머니, 아버지, 사랑하는 가족 그리고 소중한 친구들이다. 마음의 태양은 변치 않고 내뿜어지는 사랑의 에너지, 서로를 당겨 주는 든든한 인간관계의 중력이다.

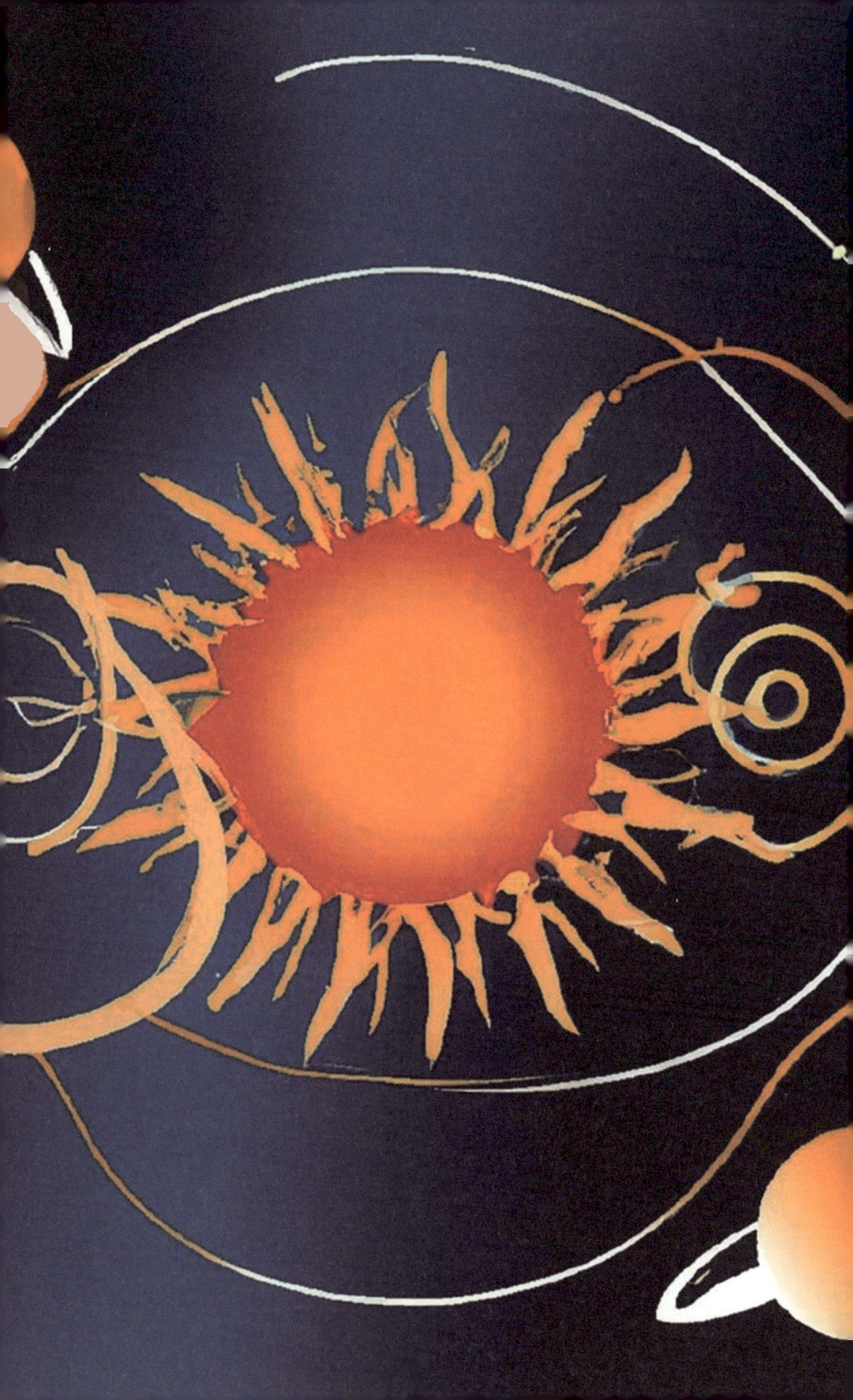

상처를 안은 사람들

누구든 살아가면서 삶의 고난이 만들어 낸 희로애락의 물결에 휩쓸릴 수밖에 없다. 특히 요즘은 자연재해와 더불어 사회적 재난이 곳곳에 도사리고 있어서 '트라우마'라는 말을 참 흔하게 사용한다. 개인이 트라우마를 겪으면, 해당 사건과 관련된 기억이 수시로 떠올라 공포감을 느끼며 과도하게 예민해져서 '급성 스트레스 징후'를 겪게 된다. 이런 고통이 트라우마 사건 후 1개월간 지속된다면 '외상후스트레스장애'를 진단받는다. 이런 외상후스트레스장애 상태에 있는 사람은 무력감과 우울을 지속적으로 느끼고 일상생활과 사회 기능이 위축되는 어려움에 시달린다.

개인도 그렇지만 사회 전체에도 트라우마에 의한 현상이 나타나는 것 같다. 한국인은 일제에 의해 35년간 수

탈을 당했고 곧이어 6·25라는 전쟁을 겪었다. 그래서 78년이 지난 지금도 일본에 대한 예민 반응은 여전히 표출되고 있으며, 동족상잔의 전쟁 70년 후에도 개인과 사회의 모습에는 전쟁의 후유증이 생생히 남아 있다. 그 후유증의 여파로, 한국은 OECD 국가 중 자살률이 가장 높은 나라로 여전히 기록되고 있으며, 역대의 대통령들이 저격당하거나 자살로 생을 마감했거나 퇴임 후 구속되었다. 전쟁 이후 우리 사회는 급성 스트레스 징후를 안고서도 세계 경제 10위권의 고도성장을 이루어 냈다는 것에 자부할 만하다. 하지만 우리 사회가 여전히 예민하고 불안하다는 사실은 암묵적으로 회피되고 있다. 회피라는 것은 결국 저항의 한 형태로 볼 수 있다. 저항은 고통을 피하기 위한 몸부림과 같은 것이다. 어쩔 수 없이 겪어야 하는 고통의 경우, 저항이 도리어 고통을 증가시키는 경우가 많다. 그래서 고통에 대한 회피는 우리 삶의 고난을 더 가중시킨다는 것을 '고난 = 고통 × 저항' 공식을 통해서 깨닫게 된다. 어린 시절 흔들리는 치아를 뽑아야 하는데 자꾸 무섭다고 도망 다니며 저항하다 보면 엄마도 자신도 더 힘들었다. 그냥 눈 감고 엄마를 믿고 한순간만 견디면 시원히 뽑히는데 말이다.

몇 해 전 우리마을을 퇴소하였던 승철 군으로부터 오랜만에 연락이 왔다. 그는 어린 시절에 누나와 함께 탈북을 하였는데 중국을 거쳐 한국으로 들어오는 과정에서 감당할 수 없는 트라우마를 겪었다. 북에 두고 온 어머니를 사뭇 그리면서 우울과 무력감에 시달렸던 승철 군은 그해 가을에 비로소 퇴소하여 독립생활을 시작할 수 있었다. 승철 군은 최근에 폴리텍대학에 입학하여 기술을 배우면서 취업도 준비하고 있다는 반가운 소식을 전해 온 것이다. 그가 겪어 낸 고난의 열매가 하나둘 맺히고 있음은 '성장 = 고난 × 수용' 공식을 통해 확인할 수 있다.

 트라우마를 긍정적으로 수용하는 과정에서 개인과 사회는 더 큰 성장을 이루는 계기를 마련할 수 있는 것이다. 고통은 삶을 고난에 빠지게 하지만, 그 고난이 성장을 만든다는 것을 우리는 잘 알고 있다. 한편으로, 그 고난은 저항에 따른 것일 수 있음을 알게 되고, 진정한 성장은 고통 회피가 아닌 고난 수용의 과정이라는 것을 새삼 확인하게 된다.

만남에서 슬픔까지

 더위가 한창인 어느 날 해 질 무렵에 이어폰을 꽂고 동네를 산책하였다. 노래를 따라 부르며 걷다가 흐드러지게 피어 있는 노을빛 능소화를 보았다. 잠시 멈춰 바라보다 나도 모르게 눈물을 흘렸다. 내게 눈물을 발동시킨 감정이 무엇인지 생각해 보았다. 지금 고향 집 마당에도 피어 있을 능소화, 그것을 오래전에 심었을 아버지가 연상되었던 것이다. 그러나 지금은 그곳 어디에도 계시지 않는 아버지에 대한 연민의 조각들, 지금 내 삶의 이런저런 상황을 관조하면서 걷는 발걸음에 하나하나 밟히는 애달픔의 조각들, 중년 남자의 눈물을 발동시키는 것들이다.
 어느 철학자의 말처럼 우리는 세상에 이유 없이 내던져졌다. 던져진 이후로 수없이 많은 만남을 겪는다. 노사연의 〈만남〉에서 만남은 우연이 아니고 바램이라 하였듯이,

우리 삶은 우연이 아니면 바램이 만들어 낸 만남 그 자체이다. 반가움, 기쁨, 아쉬움에서 분노까지, 서로 만나고 사랑하는 과정에서 마음을 주고받는다. 그리고 만남의 끝, 이별의 국면에서 비로소 슬픔을 맞게 된다. 기억이란 사랑보다 더 슬프다고 이문세가 노래한다. 사랑할 때는 미처 느끼지 못했던 것을, 지나가고 남겨진 기억들이 비로소 슬픔으로 다시 불려 온다.

누군가를 돕고 상담하는 일, 그 일이 상대에 대한 연민에서 시작된다면 성공적이다. 그러나 상담의 과정에서 그 사람에 대한 연민을 담지 못하면 피상적인 상담으로 끝난다. 상담받은 이가 상담가로부터 진정한 위로를 받지 못했다고 느끼는 것이다. 다만 상담가는 연민에 너무 빠지지 않도록 해야 한다. 상담가로서의 '자기중심'을 지켜야 감정에 쏠린 클라이언트에게 실질적인 도움을 줄 수 있을 것이다. 상담을 하는 중에도 상담을 끝낸 후에도, 결국엔 상담가 자신이 스스로를 저만큼 떨어져 관조할 수 있을 때, 홀로이 남겨진 자신을 만난다. 그래야 클라이언트를 온전히 만날 수 있다. 누군가를 돕는 일은 연민에서 시작되지만, 연민을 벗어난 상담가의 주체성으로 돌아와야 실제적인 도움을 전달할 수 있다. 아무튼 누군가에 대한 연민은 '상대에 대한 슬픈 감정'이라고 해야 할 것 같다.

능소화를 지나쳐 아버지에 대한 연민을 뒤로하고 다시 계속 걷는다. 한참을 걷다 보니 길옆에서 고개를 숙인 덩굴장미가 보인다. 마구 피어난 장미가 무거운지 가지가 휘청이며 흔들리고 있다. 이별 뒤에 남은 나의 모습으로 돌아온다. 마음이 애달파진다. 지금의 애달픔은 나 자신에 대한 연민이리라. '자신에 대한 슬픈 감정'이다. 나에 대한 연민으로 되돌아와야 비로소 느낄 수 있는 것, 슬픔이란 것이 그런 것 같다.

 만남과 만남을 오가는 연민들이 때로는 기쁨으로 때로는 아쉬움으로 시간과 함께 버무려진다. 그리고 무르익는다. 시간은 모든 것을 태어나게 하였다고, 그러나 언젠가 풀려 버릴 태엽이라고 김창완이 노래한다. 나의 태엽이 풀리면 나는 멈춰 서야 한다. 어쩌면 인생의 결과는 혼자 남는 것이고, 그래서 인생 자체가 슬픈 것인지도 모른다.

모든 생명은 아름답다

모든 눈물이 다 기쁨이고

이별이 다 만남이지

사랑을 위해서 사랑할 필요는 없어

그저 용감하게

발걸음을 떼기만 하면 돼

네가 머뭇거리면 시간도 멈추지

후회할 때 시간은 거꾸로 가는 거야

잊지 마라

시간이 거꾸로 간다 해도

그렇게 후회해도

사랑했던 순간이

영원한 보석이라는 것

시간은 모든 것을 태어나게 하지만

언젠가 풀려 버릴 태엽이지

시간은 모든 것을 사라지게 하지만

찬란한 한순간의 별빛이지

〈시간〉
작사, 작곡·김창완

그렇게 슬픔의 날들을 보냈던 어느 하루, 〈문어의 꿈〉이라는 노래를 라디오에서 처음 들었다. '아, 노래가 특이하네.' 나는 음원을 찾아서 다운받고 종일 그 멜로디를 입가에 담고 다녔다. 중독성 있는 노래다. 가사는 우울함이 배어 있지만 멜로디는 즐겁고 흥겹다. 무엇엔가 중독되는 이유는 그것이 좋고, 즐겁기 때문이다. 그래, 정녕 삶이 슬픈 것일지라도, '만남'의 중독이 있기에 웃을 수 있고 흥겨울 수 있는 것 아닐까.

2부
—
고통봉

스트레스족은 개미들을 해치기 위하여 관계침을 사용한다. 이 침에 쏘인 개미는 동료 간의 관계가 단절되고 혼자만 고립된다. 그래서 개미들은 스트레스족을 무서워한다. 더구나 트라우마족은 더 무서운 시간침을 사용한다. 그들은 한번 몰려오면 성을 부수고 시간침으로 개미들을 쏘아 시간을 멈춰 놓는다. 과거와 그 시간을 맴돌면서 현재로 헤어 나오지 못하게 된다. 그래서 개미들은 트라우마족을 두려워한다.

삶이라는 캔버스의 바탕은 고통색이다. 그 위에 회색 연필로 스케치를 한 뒤에 녹색 물감으로 산을 칠하고, 그 위에 푸른색 하늘과 흰색 구름을 칠하고, 그 아래쪽에 짙은 코발트로 강물을 색칠한다. 어쨌든 삶이라는 그림은 갖가지 색으로 가려지긴 하겠지만, 원래 바탕은 고통색이다. 언제고 빗물에 씻기고 햇볕에 갈라져 떨어지면 여지없이 고통색이 드러난다. 두려움에 가려진 고통봉이 휘몰아치는 바람에 우뚝 드러나듯이.

마음 아픈 사람들의 권리

　인간을 그 자체만 보지 않고 '환경 속의 인간'으로 바라볼 수 있을 때 비로소 인간을 총체적으로 이해할 수 있다. 인간은 환경의 영향을 받으면서 다시 그 환경을 만들어 가기 때문이다. 바위는 비가 오나 눈이 오나 그저 바위로 수만 년을 버틸 수 있을지 몰라도, 인간은 사회라는 환경에 휩쓸려 시시때때로 변모하면서 결코 길지 않은 순간에 어느덧 쇠잔해지는 존재가 아니던가.
　다양한 사람들, 각각의 모습은 어떤 배경 속에서 어떻게 해석되느냐로 결정된다. 유독 사람들 각자의 모습은 배경, 즉 사회가 결정권을 갖고 그 가치를 결정해 왔다. 특히 정신적 고통과 상처로 귀결된 정신질환자의 모습은 그 당시 사람들의 손에 무엇이 들려 있었느냐에 따라 결정되어 온 것처럼 보인다. 중세의 유럽 사람들은 돌을 들고 이들을 바라보았다. 그래서 정신질환자는 사회에 해악을 끼치는 존재로 돌팔매를 맞았다. 그리고 시간이 지나서 현대의 사람들은 붕대를 들고 그들을 아픈 환자로 휘감아 병원으로 몰아 버렸다. 돌팔매의 대상에서 치료와 보호를 요하는 대상으로 바뀐 정신질환자는 비로소 의료 과학의 혜택을 받게 되었다.

하지만, 전문가들의 집합체라고 하는 병원은 정신질환자의 말과 행동을 증상으로 몰아붙이는 의료적 편향이 심한 곳이다. 우리 삶에서 어쩔 수 없이 상존하는 불안과 우울 그리고 그 아류의 고통들을 치료의 대상인 증상으로 몰아붙일 때 맞게 되는 부작용은 생각보다 심각하다. 우선, 고통을 증상으로 치부하는 순간부터, 환자인 당사자와 치료자인 전문가 양쪽 모두의 책임 회피가 시작된다. 즉 고통의 증상화는 당사자는 물론 가족과 주위 사람들이 삶의 고통을 나누고 함께 이를 극복하면서 고통을 줄여 가야 한다는 본연의 책임으로부터 그들을 도피하게 만들 우려가 있다. 왜냐면 그 책임이 고통을 증상으로 다루는 의료 전문가에게 아무런 근거와 합의 없이 암묵적으로 떠넘겨지기 때문이다. 한편, 그 책임을 맡은 전문가들도 일부의 증상들(양성 증상)에 대하여 일부의 치료법(약물)만으로 다루려고 할 뿐, 나머지 광범위한 고통은 소위 음성 증상 혹은 인격장애로 규정하며 그에 대한 치료 방법은 아직 없는 것으로 회피하게 된다. 당연히 모든 고통은 다 치료될 수 없다. 그래서 의료 전문가들도 모든 증상을 치료할 수 있다고 주장하지 않는다. 그러나 안타깝게도, 인간의 정신과 삶의 고통이라는 큰 명제에 대하여 정상 혹은 비정상이라는 극단의 이분법을 적용하였고, 더구나 정상이 아닌 비정상은 치료의 대상이라는 무모한 해법의 맹점에 빠져 버렸던 지난날의 전문가주의, 그것을 이제 직시하지 않으면 안 된다. 인간의 정신과 그 고통에 대한 대처는 의료 영역과 더불어 다른 사회적 영역에서의 분담을 통한 전인적 접근이어야 한다. 그러나 그동안 실제로 병원에서는 고통스러운 사람들에 대한 전인적 회복보다 의료적 치료에만 몰두하면서 환자들을 의료적 이유도 없이 오래 병원에 머물러 있도록 하였다. 그리고 마침내 시설에 갇힌 환자들이 스스로 생존하는 능력마저 아예 퇴화시켜 버리는 시설화(Institutionalization)라는 또 다른 장애를 양산해 왔다. 이런 현상은 병원만을 탓할 수 없는 암묵적인 사회적 합의였고 약자에 대한 사회의 폭력이었다.

최근은 정신의료와 이상심리에서 해결하지 못하는 것을 긍정심리 영역에서 다루고 있으며, 정신질환 당사자

관점의 회복 연구나 복지 관점의 연구에서도 전인적 접근의 중요한 많은 것들이 정신의학의 범주 밖에 존재함을 밝혀내고 있다. 그러나 이러한 근거가 제시됨에도 전문가 집단에서의 변화가 지체되는 이유는 무엇일까? 전문가로서의 '책임'이 어느 순간 전문가의 '권력'으로 변모했기 때문이 아닐까. 지금의 정신보건서비스 전달체계에서 여실히 그 부분이 확인된다. 즉 한국의 지속적인 정신과 병상수의 증가와 높은 장기 입원율, 강제 입원율의 개선은 여전히 더딘 상황이며 치료 중심, 약물 중심, 병원 중심, 의사 중심적 제도가 전문가 권력을 뒷받침하고 있는 것이다.

조현병을 앓고 있는 승미 양이 중세에 태어났다면 사람들로부터 돌팔매를 맞았을지도 모른다. 다행히 지금 시대는 승미 양을 치료하기 위하여 병원으로 인도한다. 그러나 정신병원의 환자복을 입는 순간 이들의 삶은 갇힌 삶이 된다. 가뜩이나 급변하는 사회에서 갇힌 환자의 삶은 사회의 흐름에서 철저히 배제된다. 배제된 삶, 그 자체로 정신질환자에게는 또 다른 낙인과 고통이 가중된다. 병원에서 퇴원했더라도 각박한 사회 환경은 정신질환을 지속적으로 재발시키고 여전히 남아 있는 돌팔매의 풍습은 환자가 병을 인정하지 않고 치료에 저항하도록 만든다.

그래서 승미 양은 가족에 의해서 수차례 강제로 입원을 당할 수밖에 없었다. 병원 치료 이후에 기능 회복과 자립 훈련을 위하여 정신재활시설도 이용하였다. 그러나 여전히 주위 사람들의 시선은 따갑고 취업을 하기 위해서 넘어야 할 장벽은 높기만 하였다. 그래서 사회복귀를 앞둔 승미 양은 점점 더 불안하고 두려웠다.

최근 연구에 의하면, 한국 사회는 정신질환 당사자에 대한 관용적 태도가 세계 29개국 중 최하위에 있다고 한다. 정신질환에 대한 지식수준은 비교적 높지만, 개인은 직접적으로 정신질환 당사자와 관계된 상황을 회피하고자 하는 이중적 태도가 있다는 것이다. 이렇듯 정신질환에 대한 우리 사회의 부정적 인식은 10년 전보다 큰 폭으로 악화되었다.

승미 양과 같은 장애를 가진 이가 사회활동에서 겪는 어려움, 이것은 다수의 비장애인에 의해 구축된 장벽의 결과라고 보는 시각이 2006년에 본격적으로 열렸다. 국제연합(UN)이 '장애인권리협약'을 만장일치로 채택하게 된 것이다. 즉 사회가 이들에게 장벽을 쳤으니 변해야 할 책임은 사회에 있다고 보는 것이다. 기존의 중세 모델, 의료 모델에서는 정신질환을 가진 개인과 치료를 제공해야 하는 전문가의 책임과 권한을 강조하였다. 하지만 이제부터의 '사회 모델'은 이들을 제약하는 사회 제도를 개선하고, 사회가 이들에게 정당한 편의를 제공하고, 사회적 지원을 제공해야 한다는 입장이다. 나아가 당사자의 의사와 자기 결정권을 강조하고 이들의 의사와 선호를 우선시하여야 함을 강조하는 '인권 모델'로 나아가야 하는 것이다.

정신질환자의 고통과 상처는 관계에서 파생된 것이고 그 관계는 결국 사회라는 관계망이다. 사회에서 존중받지 못하고 배제됨으로 고통과 상처를 떠안은 사람들이다. 그러므로 성숙한 사회는 이들을 사회적 관계망 안에서 소중히 보듬어야 함을 알고 있다. 우리는 이미 중세의 절대적 빈곤에서 벗어났고, 근대의 혼돈을 지나, 현대의 의료 사각을 해소하고 복지로 그 빈 곳을 채울 수 있는 시대에 살고 있다. 장애의 문제를 더는 승미 양이 안아야 할 것으로 보지 않는 장애인권리협약서, 이제 우리가 손에 들어야 할 그것이다. 빼앗았던 그들의 권리를 다시 돌려주어야 한다.

약자가 먼저 통제된다

　우리마을로 최근에 어린 청년들이 많이 입소하고 있다. 혜숙 양은 학교에서 지속적인 자해, 자살 시도로 힘들었고 결국 휴학을 하고 가출하였다. 이후에 매춘으로 생활비를 충당했다고 한다. 승수 군은 학교 폭력 피해로 정신증이 생겼고 최근에 정신과 병원을 퇴원하여 우리마을로 입소하였다. 승수 군이 입소하고 얼마 후 경찰이 찾아왔는데 그가 입원 전 절도와 폭력으로 고소된 사건으로 조사를 진행해야 한다는 것이었다. 혜숙, 승수 두 청년은 열악한 양육 환경에서 가정 폭력, 학교 폭력으로 희생되었고, 이후에 정신적 어려움과 관계적 예민성이 충돌하여 어린 나이에 범법자가 되고 말았다.

　최근 만 14세 미만 범죄가 늘어나고 이들 촉법소년의 나이 상한인 13세의 범죄 비중이 높아지고 있으며, 더구나 그들의 범죄가 강력 범죄화되고 있음에 사회적 우려가 높다. 이에 정부는 형사 처분을 하지 않는 촉법소년 나이 상한을 12세로 낮추는 법률 개정을 추진하고 있다. 기존 법은 1953년에 정해진 것으로 변화된 시대를 기준으로 현실화해야 한다는 취지이다. 그사이 아이들의 체력적 조건과 지적능력이 향상되었고 사회문화적 배경이 달라졌다는 것이 법률 개정의 이유로 언급된다. 그런데 요즘 아이들이 신체적, 정신적으로 성장이 빨라졌다고 범죄 연령만 더 빨라졌던 것일까? 부정적인 범죄 행동이 빨라졌다면, 한편으로 긍정적인 성숙 행동도 빨라졌어야 할 것인데 말이다. 그러니 근본적인 원인은 사회문화적 배경에서 찾아야 하지 않을까 한다. 최근 물질주의, 경쟁주의, 성과주의로 아이들을 압박하는 것은 누구인가? 거기다 아이들에게 폭력적, 반사회적 문화 콘텐츠를 무분별하게 노출시키는 미디어의 파급에 대한 책임은 누구에게 있는가? 아이들은 죄가 없다. 자칫 아이들에게만 사회적 통제를 강화한다면 그것은 약자에 대한 폭력이 아닐 수 없다.

치료를 빙자하여 정신질환자를 사회와 격리시키고 병원과 시설에 가두었던 폭력, 그것이 남긴 후유증을 상기해야 한다. 마찬가지로 교정을 빙자하여 아이들을 감옥에 가두기만 한다면, 향후 그들의 인생에서 감내해야 할 후유증은 더 가혹할지 모른다. 그럼에도 불구하고 성장 중인 아이들에 대한 처벌과 통제를 선택해야 한다면, 성장만하고 성숙하지 못한 어른들에 대한 통제 방법도 함께 강구해야 할 것이다.

감염병 유행 초기에 경상북도의 모 정신병원 입원 환자들의 상당수가 코로나로 희생되었다. 그 이후로 전국의 정신병원과 정신질환자 입소 시설은 최우선 방역 관리 대상이 되었다. 정신질환자에 대한 전반적인 보호 환경이 너무나 열악했던 원인으로 많은 희생자가 나왔던 문제인데, 그 해법은 환경이 아닌 환자에 대한 우선적인 통제였다. 우리마을 역시 정신질환자 기관이기에 지난 3년간 우선적 방역 대상으로서 많은 통제가 있었다. 매주 선별 검사를 받고 선제적으로 예방 주사를 맞고 입소 회원들의 외출과 면회를 통제하라는 지침이 내려왔다. 그러나 우리마을은 지역사회에 개방되어 있는 곳인데 하루 종일 외출을 못 나가게 한다는 것은, 정신적으로 힘든 입소자에게 더 큰 정신적 고통을 가중시키는 것이라고 판단하였다. 그래서 방역에 대한 교육을 꾸준히 하는 것을 전제로 입소자에게 가까운 공원이나 편의점으로의 외출은 지속적으로 허용하였다. 그럼에도 코로나 3년 동안 입소자들 중에서 코로나로 확진된 이는 단 한 명도 없었다. 반면에 매일 출퇴근했던 직원들 전원은 한 번 혹은 수차례 확진자가 되었다. 정작 외출 통제를 해야 했던 대상자는 정신질환 입소자가 아니라 비정신질환 직원들이었던 것이다.

약자를 먼저 통제하는 사회는 미성숙한 사회이다. 성숙한 사회는 약자를 먼저 보호해야 한다.

죄와 병

아동성범죄자 조두순 씨는 수년 전 많은 사람들의 우려 속에 출소하였다. 그리고 지난해에 미성년자 연쇄 성폭행 혐의로 복역을 마친 김근식 씨의 출소를 앞두고 다시 사회적 논란이 일었다. 딸을 키우는 부모의 입장에서 이들의 사회 진출을 걱정하고 재범을 우려하지 않을 수 없다. 이들은 죄를 저질러 국가로부터 징벌을 받았는데 징벌 이후의 조치가 과연 적절하고 안전한 것인지 누구도 담보할 수 없다. 이들의 행동은 우선적으로 징벌의 대상이었고, 한편으로는 비정상적 성에 몰두하는 병으로서 치료의 대상이기도 하였다. 죄와 병, 그에 대한 사람들의 반응에는 혐오가 내재하고 있다. 혐오는 결국, 죄와 병에 대한 사람들의 대처를 혼란스럽게 하면서 회피적으로 만들고 있는 것 같다. 죄와 병이 무엇인지 잘 모르기 때문에 오는 두려움은 고통이 되고 이러한 고통에 대한 외면이 혐오를 발생시키고, 또다시 그 고통은 대처에 대한 책임 회피의 투사(Projection)를 발생시키기 때문이다. 죄와 병으로 발생된 현상에 대한 모든 책임을 범죄자 혹은 병자에게 미루고 그들을 탓하는 것은 방어기제의 하나인 투사이다.

인간의 부정적 행동의 극단에서 죄, 혹은 병이 존재하는데, 그렇다면 어떤 것이 죄이고 어떤 것이 병이란 말인가? 정신장애 진단 및 통계 편람(DSM)에 따르면, 아동 청소년기의 심각한 반사회적, 파탄적 행동 문제에 대하여 '품행장애'라는 진단을 내릴 수 있다. 그리고 이러한 품행장애 문제가 18세 이상에서도 지속된다면 '반사회적 성격장애'로의 진단이 고려된다. 이러한 병적 기준과는 별도로, 행동의 동기와 결과적인 사법 판단에서 이들의 행동은 범죄로 규정된다.

죄와 병의 애매한 간극 그리고 사람들의 혐오…. 그동안 정신건강 영역에서의 경험을 돌이켜 보았을 때, 많은 정신질환자는 정신질환자이기 전에 성장 과정에서 학대, 방임 그리고 부당한 폭력의 희생자로서 트라우마를 가지고 있었다. 또한 많은 범죄자들 역시 가해자이기 전에 생애 과정에서 학대, 방임 그리고 냉혹한 폭력의 희생자로 존재해 왔다. 어떻게 이들 희생자에게 마음의 병이 발생되었는지, 또 어떻게 희생자가 가해자로서의 길로 들어서게 되었는지 우리는 자세히 알지 못하고, 알고 싶어 하지도 않는다. 다만 그들을 혐오하고 거부하는 것으로 대책의 수립을 미루고만 있다.

최근 '촉법소년' 이슈에 대하여 이들의 제한 연령을 낮추자는 법 개정 논의가 진행되고 있는 것처럼, 범죄에 대한 처벌을 강화한다는 것은 이들을 치료하고 교정한다는 의도보다 예측되는 다수의 피해자를 더 보호하자는 의도를 가지고, 통제와 처벌을 우선적으로 선택하는 것이다. 실제로 교도소에서는 물론 치료감호소, 심지어 정신병원에서조차 이들을 징벌적 대상자로 인식하고 장기적인 입원과 통제의 조치를 하고 있음을 부인할 수 없다. 징벌과 치료가 혼재되어 있는 경계에서 편견과 왜곡 그리고 회피가 발생된다. 특히 징벌 대상자(범죄자)에 대한 혐오는 죄를 짓지 않은 다수의 순수한 치료 대상자(정신질환자)까지 혐오로 물들게 하는 왜곡을 발생시키고 있는 것이다. 정말 심각한 범죄자는 응당히 강한 처벌로 징벌되어야 한다. 그러나 애꿎은 정신질환자가 예비적 범죄자로서 혐오되고 의료적 이유 없이 장기적인 입원으로 사회와 격리되는 현상이 지금의 모습이다. 돌봄과 치료가 우선적으로 필요한 소년들에 대하여 처벌만을 강조할 뿐, 촘촘한 사회복지적 대책을 강구하자는 목소리가 들리지 않는 것이 현실이다.

아기가 태어나면 부모는 미성숙한 아기를 위한 '돌봄'을 제공한다. 그리고 그 아기가 커서 아이가 되면, 지식과 기술을 습득하고 성숙한 인격을 쌓아 갈 수 있도록 사회가 '교육'을 제공한다. 그런데 그 아이가 성인이 되어서도 옳지 못한 일을 하거나 죄를 짓는다면 국가는 '징벌'을 통해서 잘못된 품성이나 행동을 바로잡아야 할 것이다. 한편, 그 잘못된 품성이나 행동이 병이라고 규정된다면 관련된 전문가가 '치료'를 제공해야 할 것이다. 반면에, 병을 앓거나 죄를 지은 당사자들은 부모와 사회로부터 돌봄, 교육, 치료 그리고 국가로부터의 징벌에 순응하고 변화하길 기대된다. 그러나 위대한 상담가 아들러(Adler)는 이렇게 말했다. 당사자 입장에서 그러한 조치가 일방적이고 부당하기까지 한다면 그들은 점점 불만을 쌓아 갈 것이고, 스스로 감당할 수 있는 수위를 넘게 되면서는 돌봄, 교육, 치료 그리고 징벌을 회피하면서 반항으로 몸부림치게 된다고 한다. 결국엔 부모에 대한, 나아가 불특정 다수에 대한 '복수심'까지 품게 되는 것이라고 말이다.

아이가 물건을 훔쳤다면 매를 대기 전에 왜 물건을 훔쳤는지, 다른 방법은 없었는지 물어보아야 한다. 마음이 아픈 사람이 있다면 약을 먹이고 입원시키기 전에 어디가 얼마나 아픈지, 본인은 어떻게 보호받길 원하는지를 듣고 아픈 당사자의 편의에 맞춰야 한다. 그래야 아이는 물건을 다시 훔치지 않을 것이고, 마음이 아픈 사람은 평생 병원을 다녀야 할 상황에 처하지 않을 것이다. 지금 우리 사회가 약자에 대한 통제와 처벌을 우선적으로 선택하는 것은 일방적이고 부당한 것이다. 이들에 대한 조치는 소통을 통해 정당하게 이루어져야 할 것이고, 그래야 불만이 쌓이지 않을 것이며 더 나아지기 위한 책임을 회피하지도 않을 것이다. 그리고 그 무서운 복수심이 괴물로 점점 커 가지 않게 될 것이다.

최근, 〈분당 서현 백화점서 '묻지마 흉기난동'…시민 13명 부상〉이라는 식의 기사 제목들을 보면서 다시 한번 사람들의 회피를 읽게 됐다. 이들 사건을 '묻지마'라고 명칭하는 것 자체가 사람들에게 막연한 두려움과 혐오를 조장한다. 언론에서는 이들 사건의 실체와 당사자의 맥락을 얼마나 알고 이렇게 표현하는 것일까? 우리는 이런 사건들을 계기로 '자세히 묻고 제대로 알라'라는 메시지를 읽을 줄 알아야 한다.

집보다 좋은 시설은 없다

  수십 년간 정신병원에서 생애를 보낸 59세 강철구 씨는 지역사회복귀를 목적으로 우리마을에 입소하였다. 강철구 씨는 오랜 병원 생활로 마음과 몸이 위축되고 쇠약해져서 가까운 편의점도 혼자 다녀오기 힘든 상태였다. 또한 계속 말이 쏟아지는 그의 입가에는 연신 침이 흘러내리고 있었다. 하지만 그는 의욕적으로 자립생활 훈련에 참여하였고 담당 사례관리자와 함께 3개월 후 퇴소하여 입주할 수 있는 공동생활가정(Group home)을 열심히 찾아보고 있었다. 그러나 가족도 없고 자립능력이 부족한 그를 받겠다는 공동생활가정은 퇴소가 임박해서도 찾을 수 없었다. 결국 강철구 씨는 공동생활가정 대신에 정신요양원 입소를 고려할 수밖에 없는 상황까지 되었다. 강철구 씨는 "정신요양원에 들어갈 바에야 차라리 정신병원을 가겠다."라고 단호히 말하였다. 그리고 자신이 입원해 있던 병원으로 되돌아갔다. 그가 다시 정신병원에서 나오기는 쉽지 않을 터인데 우리도 달리 방법이 없었다. 그를 받아들이기 위한 지역사회의 준비는 아직 촘촘하지 못하였던 것이다.

조현병 환자의 정신병원 입원, 중증장애인의 장애인시설 입소, 치매 노인의 요양시설 입소…. 우리사회가 통상적으로 사용해 온 취약 계층의 보호 문제에 대한 해결 방법은 시설 입소이다. 그래서 우리나라는 OECD 국가 중에서 정신병원 입원 기간이 가장 길었고, 중증장애인과 치매 노인은 시설로 들어가 거기서 생을 마감하는 것이 일반적인 것으로 되어 있다. 이런 병원 입원과 시설 입소는 누구를 위한 것인가? 그 어떤 정신질환자, 장애인, 치매 노인도 스스로 원하여 그곳으로 들어가지는 않는다. 다만 보호를 제공하는 자의 편리를 위한 선택이지 않았던가.

급성기 정신질환 치료를 위한 최소한의 입원이 아닌, 수용을 위한 장기 입원이 누군가에게 가해진다면, 점진적 재앙의 그림자가 결국 그를 휘감게 될 것이다. 당장은 급성기 증상이 완화될 수 있을지라도, 불씨같이 남아있던 그의 자아 기능은 점점 꺼져 가게 될 것이고 그나마 잔존했던 사회적 기능 역시 더욱 감퇴하는 경로를 밟게 될 것이다. 그리고 마침내 강철구 씨처럼 병원을 벗어나서는 자신의 손과 발로 살아 내기가, 아니 버텨 내기가 도저히 어려운 신세로 전락되어 버리는 것이다. 중증장애인도 치매 노인도 장기 시설화 과정을 통해 결국 가족과 이별하고 사회로부터 격리된다. 이것은 가족과 사회의 부담을 줄여 주겠다는 허울을 썼지만, 당사자의 인생에 대하여 암묵적으로 행사되는 폭력이라 하지 않을 수 없다. 시설에서 아무리 좋은 서비스를 제공한다고 해도 내 집보다 좋은 것일 수 없다. 최근 정부의 커뮤니티 케어(Community care), 즉 지역사회 통합돌봄 정책은 이런 폭력에 대한 자각에서 시작된 개혁이다.

코로나가 한창이던 두 해 전, 추웠던 겨울날이었다. 어머니가 침대에서 넘어져 고관절이 부러졌고 큰 수술을 받게 되었다. 치매를 앓던 아버지는 어머니가 돌보고 있었는데, 어머니의 갑작스러운 입원으로 아버지를 돌볼 사람이 없게 된 것이다. 어떻게 해야 할 것인지 자식들 입장에서는 재앙이었다. 죽어도 집에서 죽겠다고 고집을 부리는 아버지, 그 아들은 아버지를 결국 요양원으로 보낼 수밖에 없었다. 어머니가 없는 집에서 아버지가 계시도록 할 수 있는 방안을 마련할 능력이 자식들에겐 없었다.

하루 종일 방과 마당을 오가면서 담배를 피우고 먼 하늘을 쳐다보던 아버지의 단순했던 일상은 산산이 부서졌다. 그 이후 다시 돌아온 겨울 매섭게 추운 어느 날 아버지는 아주 먼 곳으로 떠나셨다. 요양원 입소 후 채 1년도 안 되어. 요양원에서 돌아가신 아버지, 병원으로 되돌아간 강철구 씨가 떠오른다. 그들에 대한 죄책감 그리고 훗날 늙고 병들어 버린 내가 가야 할 곳은 어디일지에 대한 두려움이 함께 밀려온다.

고통의 바다

 순애 씨는 10년간 정신과 약을 먹고 수차례 정신병원에 입원했지만 우울증에서 벗어날 수 없었다. 그녀는 매 순간이 고통이기에 자살에 성공하는 것만이 유일한 해결 방법이라 생각했다. 한편, 이혼을 한 만철 씨는 택배 일을 하다가 허리를 다쳐서, 더 이상 일을 할 수 없게 되었음에 한탄하며 연일 술을 마셨다. 생계 지원과 상담을 위해서 찾아오는 사회복지사를 거부하였고, 유일한 안식처는 술밖에 없다고 생각했다.
 순애 씨와 만철 씨가 겪는 삶은 쉽게 끝나지 않는 고통의 굴레이다. 그들의 고통을 병으로 규정한다면, 우울증과 알코올 중독일 것인데 그 치료를 위해서는 약과 상담이 지속적으로 필요할 것이다. 의학적으로는 작은 증상과 고통이 모여 병이 되고 그 병이 쌓여서 장애가 되며 그

장애가 다시 그들의 삶을 고난으로 만들었다고 본다. 그렇다면 전문가로부터 병을 치료하고 상담을 받는다면 고난이 해결될 수 있을까? 내가 만난 당사자들은 치료와 상담을 통해서 더 비참해지지 않을 수는 있었어도, 그것만으로 고난이 해결된 모습을 확인한 경우는 많지 않았다. 반면에 고통, 병, 장애 그리고 고난에 시달리며 각자가 조금씩 시간의 흐름 속에 대처해 가게 되면서 결국에 마주하게 된 것은 더 단련된 자신이었고, 혹은 새로운 의미로 다가온 고난이었음을. 당사자들이 고통과 고난을 헤쳐 온 이야기를 그렇게 말하곤 하였다.

우리 삶에서 고통은 계속 넘쳐난다. 그리고 그 고통을 어떻게 받아들이고 무엇을 선택하는가는 결국 당사자의 몫이다. 석가모니는 고통을 즐거움과 같은 것으로 보았다. 고통과 대비되는 즐거움은 고통이 있음으로 비로소 경험할 수 있는 것인데, 인간의 즐거움에 대한 욕망은 끝이 없고 결코 다 채울 수 없는 것이기에 평생토록 고통스러운 것이라 하였다.

순애 씨와 만철 씨는 삶이 고통이라는 엄연한 사실을, 조금은 덜 고통스럽게 받아들일 수 있게 되길 바란다. 그래서 순애 씨는 자살이라는 큰 재난을 선택하는 것보다 일상의 숨겨진 작은 즐거움을 선택하고, 만철 씨는 유혹의 도피처를 벗어나 냉혹한 일상의 안식처로 되돌아올 수 있게 되길 소망한다. 일상의 작은 즐거움을 찾고 초라한 안식처로 돌아오는 길은 고통의 바다에 작은 배를 띄우는 일과 같다. 그 배에는 고통을 헤쳐 나가려는 동료들이 함께 타고 있을 것이다. 파도가 넘실대는 험하고 먼 항해 길을 함께 헤쳐 나가다 보면, 즐거움과 의미가 깃든 이름 모를 섬에서 잠시나마 쉬었다 갈 수 있으리라.

저항에서 수용까지

 키가 큰 연수 씨는 학창 시절 또래에게 괴롭힘을 당하면서 불안과 우울이 심해졌다. 무가치한 자신을 단죄해야 한다는 환청이 생기면서 자해를 시작하였다. 연수 씨의 어려움을 이해할 수 없었던 어머니는, 정신병원 주치의로부터 아들이 정신분열병이라는 말을 듣자 불같이 화를 내며 병원 문을 박차고 나왔다. 그리고 연수 씨를 병원에 못 가게 하고 기도원으로 보냈으며 굿도 여러 번 하였다. 하지만 연수 씨의 환청과 망상은 더 심해졌고 결국 건물에서 투신하여 지체장애까지 갖게 되었다. 시간이 흘러 연수 씨는 중년의 나이가 되었다. 하지만 이제는 항정신병 약을 잘 챙겨 먹고 있으며 동료들과 카페에서 바리스타 일을 하며 특유의 멋진 미소를 자랑하고 있다. 정신질환이라는 고통에 저항하였던 연수 씨 모자는 의도치 않게 힘든 과정을 거치고 나서 회복의 과정을 수용할 수 있었다.

한편, 우리 민족은 일제 강점기 때 끊임없는 저항 운동을 통해 비로소 독립을 이루었다. 저항 운동은 당시 독립 운동을 하셨던 분들의 일생에 큰 고난을 가져왔지만 그 희생은 선진 대한민국이라는 유산을 후세에 남겨 주셨다. 만일 우리 선조들이 일제의 지배와 강탈을 수용했더라면 지금 우리는 얼마나 더 큰 고난과 굴욕을 당하고 있을지 상상하기도 싫은 일이다.

불치병을 선고받은 사람은 죽음을 부정하고, 분노하고, 때로는 타협하고, 우울에 빠지는, 이른바 저항 단계를 거쳐서 죽음을 수용하게 된다고 한다. 어쩔 수 없는 고통에 대한 저항은 연수 씨의 경우처럼 더 큰 고난을 가져올 수 있다. 한편으로 어떻게 해야만 하는, 불의로 인한 고통에 대한 저항은 또 다른 많은 이들을 위한 성장으로 작용하기도 한다. 우리 모두는 미래의 죽음을 선고받고 세상에 내던져짐으로, 살아 내기 위하여 몸부림칠 수밖에 없으니 그 모든 삶의 모습이 저항이라 해도 틀렸다 할 수 없을 것이다. 술과 담배도 나이 먹어 가면서 내 삶을 더 고통스럽게 하는 저항인 줄 알지만, 끊어 버리는 게 쉽지 않다.

어차피 모든 저항은 수용 그리고 성장으로 향한다 볼 수 있지만, 중요한 것은 수용해야 할 시기를 놓치지 않는 것이다. 지나온 저항을 깨닫고 더 나아가기 위한 수용을 선택할 수 있게 되는 것, 나이는 먹더라도 성장을 지속할 수 있는 방법이다.

재난, 그 이후

 이태원 참사로 156명이 안타깝게 희생되었고 온 국민이 그 고통을 함께 겪었다. 개인의 재난을 넘어 사회적 재난이고 참사이다. 사람들은 믿기지 않는 참사의 희생자와 가족이 겪는 두려움과 고통에 아파하였고, 납득할 수 없는 원인과 대응에 대한 의구심, 나아가 누군가에 대한 분노를 삭이면서 애도의 시간을 보냈다.

 재난, 그 이후의 과정에서 책임을 회피하고, 상대방 탓하고, 근거 없는 비난으로 서로를 힐뜯게 된다면 설상가상으로 2차적 트라우마에 시달릴 수 있다. 상담 현장에서 고통과 저항을 다룰 때 '고난 = 고통 × 저항'이라며 고난 공식으로 활용하곤 하였다. 즉, 책임 회피와 서로 탓하고 비난하는 행위는 고통에 대한 일종의 저항에 해당하는 것인데, 결국 고난을 가중시키는 요인에 해당한다. 우리 사회가 세월호 참사 이후에 많은 성찰의 과정을 가졌지만, 그사이 안일함과 자만이라는 보이지 않는 저항을 키우고 있었던 것은 아닌지. 아무튼 저항이 크면 고난도 크다. 반면에 각자의 과오를 솔직하고 냉철하게 인정하고 반성하면서 다시 이런 일이 없도록 시스템을 변화시킬 수 있다면 그것은 수용의 과정이다. '성장 = 고난 × 수용'이라는 성장 공식이 설명하듯, 개인은 물론 사회도 고난을 이겨 내고 수용한 만큼 성장할 수 있을 것이다.

두 개의 공식을 좀 더 발전시켜 보자. 성장 공식에 고난 공식을 대입하면 '성장 = (고통 × 저항) × 수용'으로 될 것이다. 그런데 여기서 의문이 생긴다. 저항이 지나치게 크기만 할 때도 성장을 할 수 있다는 원리인가? 저항이 너무 지나친 경우를 예로 든다면, 결국 저항의 주체가 파괴되는 상황까지 가는 것을 예측해 볼 수 있다. 내 생각에 이 공식은 적어도 개인에게 적용되지는 않는 것 같다. 재난을 당한 개인이 고통을 견디다 결국에 극단의 선택을 하거나 자살로 소멸한다면(극한의 저항값은 0으로 계산) 성장값도 순식간에 0이 되기 때문이다. 성장은 고난을 견디는 주체가 건재함을 전제로 가능한 것이리라. 하지만, 성장 공식을 '개인'을 넘어서 '사회'에 적용해 보면 어떻게 될까? 이 경우는 좀 다른 것 같다. 왜냐하면, 개개인의 소멸이 타인을 위한 희생(이 경우, 저항값이 0이 아닌 1로 계산)으로 남겨질 수 있기 때문에 사회는 성장을 지속할 수 있다. 뭐, 이론적으로 공식을 적용해 본다면 그렇다.

어쨌든, 고난 이후 극복해 나가는 주체가 회복에 대한 의지를 갖고 역량을 키워 감으로써 마침내 고난에 대한 긍정적 수용을 도모할 수 있고 동시에 성장도 가능한 것이다. 청년들의 안타까운 희생이 사회의 성장으로 남겨지기 위해서는 우리 사회가 성장을 도모할 수 있는 역량, 회복 탄력성을 갖추어야 한다. 지금 우리 사회는 고통을 감내하고 고난을 직시하면서 수용할 수 있는 준비가 되어 있는가? 수많은 개인이 모인 우리 사회는 거센 풍랑을 겪은 이후에도 또 다른 파도를 헤치며 나아가는, 그래도 성장이라는 방향을 잃지 않고 다시 키를 잡아 갈 수 있었으면 한다. 큰 만큼 그 값을 하는, 그런 좋은 배를 우리가 타고 있었으면 좋겠다.

최신에 밀려 버린 최근

우리는 지난 100년 동안 예전에는 없었던 문명 발달의 고속 열차에 탑승하고 있다. 드론 배달, 민간인 우주여행, 먹는 코로나 치료제, 스마트워치 등은 최근 몇 년 사이에 대두된 신문명이다. 그러나 지금 나의 어머니는 스마트폰을 사용하시지만 카톡 어플은 사용할 줄 모르신다. 수십 년 전에 나의 할머니는 TV 리모컨을 작동하는 것을 끝내 배우지 못하셨다. 그러면 앞으로 나는 변하는 문명을 어디까지 배우고 익히다가 생을 마감할 것인가? 새로운 것에 대한 호기심과 배움을 포기할 때 비로소 늙는다는 말을 누군가 했었다. 글쎄, 현대 사회는 미처 나이 먹을 겨를도 없이 너무 많은 것들을 새롭게 쏟아 내고 있다. 우리는 새로운 것들을 순식간에 생활에 도입하고 또 금세 익숙하게 다룬다. 시대에 행여 뒤쳐질세라 최신에 몰두하고 있으니, 최근의 것은 가멸차게 뒤로 던져 버린다.

문득 익숙한 듯 손목에 감긴 스마트워치와 책상에 놓인 코로나 자가 진단 키트를 물끄러미 바라본다. 새삼 이런 것들이 낯설게 느껴지는 것은 왜일까. 지금 삶의 모습이 정말 나의 몸과 마음에도 익숙해져 있는 것인지, 아니 어쩌면 또 금방 바뀔 것이기 때문에 굳이 애착을 거부하였기 때문인지. 이런 낯섦 그리고 연이은 불안이 밀려오려고 할 때, 나는 얼른 현실의 기차에 다시 올라타야 한다. 그래야 마음이 놓이는 것 같다. 세상이 너무 빠르기만 하다고 말한다면 지나친 비약일까? 우리는 피로 사회라는 정거장을 지나 다음은 어떤 목적지를 향하고 있는 것일까?

현대인의 수명이 길어진 것은 인간의 생물학적 진화의 덕택이 아니라 최신 의학 기술과 복지의 발달 때문이라 믿어 의심치 않는다. 우리의 몸과 마음은 수천 년 전 조상들의 그것과 그리 다름없는 진화 단계를 유지하고 있다. 그렇기에 우리는 여전히 수천 년 전과 다름없는 유형의 삶의 기쁨과 의미를 추구한다. 결국 기쁨과 의미는 내 가족과 일터의 동료들과 부대끼면서 만들어 내는 소소한 일상에서 찾을 수 있는 것들이다. 그리고 그러한 일상의 최선에서 비로소 마음 뿌듯한 기쁨과 의미의 결정체인 감동도 만들어지게 될 것이다. 그러나 지금 우리는 고속 열차에 탑승하여 너무 빨리 지나치면서 차창 밖 풍경을 제대로 바라볼 겨를이 없다. 최근의 풍경을 미처 놓치고 있다. 최신의 속도에 밀려 최근을 놓치니 미처 최선을 다해 보지 못하는 것이다. 여기서, 우리는 문득문득 지금 어디를 지나고 있는 것인지, 또 어디로 가고 있는 것인지 두리번거리고 갸우뚱하는 것이다.

　우리는 지나온 정거장으로 결코 되돌아갈 수 없는 고속 시간 열차를 타고 있다. 내가 40년 전 썼던 칫솔들이 어딘가에서 썩지 않고 남아 있다는 환경운동가의 외침처럼, 어느 누구도 그 칫솔들을 수거하려 하지 않는다. 행여 다시 되돌리려 마음을 먹더라도 그리로 되돌아갈 방법은 결코 없다. 지나온 내 생활에서 수없이 입에 물었던, 그러나 까맣게 잊힌 칫솔들을 떠올려 보면, 섬뜩한 생각이 든다. 내 생애에 결코 없었던 환경, 그러나 어쩌면 이미 익숙한 미세 먼지, 아열대성 소나기, 위드 코로나로 인식을 돌려 본다. 새로운 그것들은 멈춰 서서 주위를 둘러보라는 노란 신호등이다. 그마저도 그냥 지나치고 있었다. 이내 그 신호등이 노란색에서 빨간색으로 바뀌고 있는데도.

3부

소통의 문

기쁨족과 희망족은 성 아래쪽 소통문 가까이 모여 살면서 성 안팎을 분주히 오간다. 부지런한 자신감이 매일 새벽 날이 밝음과 동시에 소통문을 활짝 열면 아침 햇살이 성안으로 들어와 기쁨족과 희망족을 잠에서 깨운다. 어느새 개미들은 정성 들여 돌을 다듬어 나르고, 한편에서는 왁자지껄 떠들면서 소통문을 오간다.

우선은 몸과 마음이 소통한다. 몸이 원하는 것을 마음이 알고 마음이 원하는 것을 몸이 안다. 몸이 부족한 것은 마음이 메꾸고 마음이 힘든 것은 몸이 대신해 준다. 마음과 몸이 소통하면 내가 행복하다. 마음과 몸이 하나 된 행동으로 상대에게 전달된다. 그러면 상대의 행동이 나의 몸을 타고 마음으로 들어온다. 그렇게 나와 상대가 소통하면 우리는 행복하다. 우리들의 소통이 파동으로 울려 나가면 마침내 세상도 행복하다.

마음 회복의 시작

진수 씨는 조현병을 앓고 있는 청년으로서 정신건강복지센터를 이용하고 있었다. 그의 외모에서 그의 정신적 어려움이 심화되었음을 금세 알아차릴 수 있다. 수염은 늘 덥수룩하고 콧구멍에서 무더기로 삐져나온 코털이 거의 1센티가 될 정도였다. 그는 외모 관리에 대한 주위의 권유를 듣지 않았고, 자신의 신체 어느 부위든 누구도 손대지 못하게 했다. 그의 어머니마저 손댈 수 없는 '사자의 코털'이었다.

당시는 센터 이용자들의 취업을 위한 프로그램을 활발히 진행했던 덕에 하나둘 지역사회로 취업 활동을 나가는 분들이 늘어나고 있었다. 동료들이 취업으로 나가자 진수 씨도 돈을 벌고 싶다며 직업재활 프로그램에 동참하게 되었다. 그날은 프로그램 시간에 취업 면접을 실제로 연습

해 보기로 한 날이었다. 아침에 면도를 했는지 턱 주변이 피투성이가 된 채로 그가 나타난 것이다. 면도를 잘못해서 난 상처도 애처로웠지만, 자세히 보니 코털이 깔끔히 잘려 있었음에 모두가 놀랐다. 너무 멋지다는 칭찬과 도대체 누가 코털을 잘라 주었냐는 질문에 "음…. 제가 아침에 거울을 보았는데, 수염도 길고 코털도 길게 나와 있더라구요. 그래서 제가 잘랐어요."라고 겸연쩍은 미소로 대답하였다. 전에 내가 쪽가위를 들고 쫓아다닐 때는 그렇게 싫다고 하더니, 어떻게 그런 생각을 하게 되었냐고 다시 물었다. "그때는 그게 안 보였어요. 그런데 이제 취업 면접에 붙으려면 잘라야겠다는 생각이 들더라고요."

그 뒤로 진수 씨는 프로그램을 잘 마치고 취업장 실습도 나가서 생애 처음으로 돈을 벌어 어머니께 용돈을 드렸다. 진수 씨는 동료들이 취업 나가는 모습을 보고 자극을 받았고 그 자극은 외면하였던 자신의 모습을 비로소 보게 하였다. 그리고 코털을 스스로 자르는 작은 용기를 발동시킨 것이다. 나도 하고 싶다는 그런 소박한 바람, 그렇지만 절절한 바람. 그것이 마음 회복의 시작이다. 메마른 마음 깊숙이 조금씩 차오르는 샘물 같은 것 말이다.

산책을 해야 하는 이유

 우리의 뇌는 외부에서 자극하지 않고 가만히 놔둘 경우, 과거의 경험을 떠올리거나 미지의 상상을 펼치면서 전전두엽, 후방대상피질이 활성화되는 상태로 들어간다. 이렇게 깨어 있는 시간의 30~50%가량을 공상하고, 자신과 가상 대화를 나누고, 과거 경험을 되짚고, 미래를 그리는 데 뇌를 사용한다. 이렇게 마음이 방랑하는 상태를 뇌의 'Default Mode Network'라고 한다. 이러한 뇌의 '방랑 활동'을 통해 내면에서의 자기 대화와 심상을 떠올려서 소중한 대상의 존재감을 인식하게 한다. 나아가 기억력이 회복되고 창의성을 발휘하도록 하며 사회생활을 원활하게 지속토록 하는 것이 바로 뇌의 방랑 활동이다.
 하지만 이런 방랑 활동이 사람들에게 불리한 점도 있다. 누군가 지나치게 부정적인 생각의 편향에 빠질 경우,

과거의 상처를 되새기고 자신이나 타인을 비난하며 근심 걱정에 빠지는 경우가 그렇다. 이때 뇌는 과도하게 에너지를 낭비하게 되고 지쳐 버리게 된다. 하지만 뇌가 방랑 활동 상태에 있더라도 다시 타인을 만나서 대화를 하거나 업무에 집중하게 되면 차분하게 다시 외부의 세상에 관심을 돌리는 '활동 모드'로 자동 전환되기 마련이다. 그러나 우울증이나 불안에 시달리는 사람은 평상시 쉬는 시간 동안 뇌가 더 활발하게 움직이는 경향이 있기 때문에 이러한 자동 전환이 쉽게 이뤄지지 않는다. 마치 중독 물질에 대한 갈망을 뿌리치지 못하듯이 방랑 활동에 빠져서 헤어 나오지 못하는 것이다.

일상적으로 할 수 있는 공원 산책이나 명상의 단기 신경학적 효과가 우울증에 대한 전문적인 치료와 같은 메커니즘을 가지고 있음이 밝혀졌다. 우울증에 대한 전문적인 치료인 약물 치료, 경두개자기자극술과 같이 검증된 치료만큼 산책이나 명상이 우울증 극복에 효과적이라는 것이다.

산책을 하면서 사람들이 자연환경에 빠져들면 뇌는 '가벼운 황홀감' 상태에 들어간다. 이런 상태에서 현재에 대한 의식이 되살아난다. 그리고 언어와 기억에 빠져 버린 뇌의 방랑 활동이 줄어드는 반면, 외부로부터의 감각 정보를 처리하는 영역이 더 활발하게 움직인다. 또한 감각에 즐거운 자극을 쏟아부어서 주의력을 밖으로 돌리고 내면으로의 언어 연쇄를 중단시킨다. 그 결과 불안과 우울증, 끝없는 생각에 시달리는 사람들에게 주변의 멋진 세상을 바라보고 감상할 여유와 안도감을 줄 수 있으니, 그 어떤 치료보다 효과적이라 할 것이다.

그래서 이 글을 우리마을 휴게실에 커다랗게 출력하여 붙여 놓았다. 우리마을에서 권장하는 최고의 마음 회복 프로그램은 바로 산책이다.

외출을 해야 하는 이유

 마음 아픈 분들이 용인에 있는 놀이공원에 다녀왔다. 코로나 방역 문제로 외출이 제한된 상황이었지만 평일 사람이 붐비지 않는 날을 택해서 모처럼 다 함께 외출을 감행하였다. 놀이공원에 도착하여 각자 놀이 기구의 선호도에 따라 팀을 나누었다. 나는 놀이 기구 타는 것을 좋아하지 않는 팀으로 들어갔는데, 그 팀은 나이 많은 남성들뿐이었다. 첫 코스는 걷는 수고를 덜기 위하여 리프트를 타는 것이었는데, 모두들 처음 리프트를 타는 것이었기에 줄을 설 때는 다소 불안한 모습을 보였다. 그러나 막상 차례가 오니 서로 파이팅을 외치며 리프트에 올라탔다. 그리고 이후부터는 호랑이 우리로 들어가는 사파리 버스도 씩씩하게 탑승하였다. 나중에는 아마존익스프레스도 도전하였는데 옷이 흠뻑 젖으면서도 아이처럼 즐거워하셨다.

이제 귀가를 위한 집결 시간이 되어 마지막 코스로 케이블카에 올랐다. 우리 팀 김훈철 씨가 케이블카에서 오래전 얘기를 꺼냈다. 자신이 7살 무렵에 아버지가 케이블카를 꼭 태워 주겠다는 약속을 했었는데, 아버지는 그 약속을 지키지 못하고 얼마 후 돌아가셨단다. 그리고 50년이 지난 지금에서야 케이블카를 타게 되었다면서, "오늘은 정말 의미 있는 날이네요."라며 빙긋 미소를 지어 보이셨다.

정신장애로 인하여 젊은 시절을 병원과 시설에서 갇혀 보낸 이들은 사회적 위축이라는 무서운 후유증을 안고 살아왔다. 정신질환이라는 것에 사회가 내린 처방은 한 사람의 인생에 너무나 가혹한 것이었다. 갇히고 위축된 이들에게 외출이란 치료제이자 희망이다. 노인의 경우도 마찬가지다. 노인의 외출 빈도가 줄어들수록 우울과 자살 위험이 더 증가한다는 것이 확인되었다. 이제는 코로나 확산의 파도를 막기 위하여 '사회적 거리 두기'가 효과적임을 확인하였지만, 이것이 행여 '외출 금지'로 왜곡되어진다면 문제는 더 심각해질 것이다. 곧 코로나블루의 파도가 몰려올 것이기 때문이다. 힘들 때일수록 더 많은 외출이 필요하다.

우리가 살고 있는 도시는 이미 수많은 장벽으로 겹겹이 쌓여 있다. 건물과 건물 사이, 방과 방 사이, 그 칸막이는 개인 간 사생활 보호를 넘어서 급기야 이웃 간의 단절과 외면 그리고 계층 간 격차만 높여 놓았다. 하루에 몇 번씩 들어오는 안전 안내 문자, 실종자를 찾는 안내 문자, 이런 것들이 도시의 장벽을 뚫을 수 있을까? 언제부터인가 우리는 귀찮은 안내 문자를 읽지 않고 있다. 여전히 송파 세 모녀, 수원 세 모녀 그리고 김훈철 씨가 갇혀 있는 장벽은 건재하다. 그렇기에 오늘도 우리는 그 장벽의 삐걱거리는 문을 열고 외출에 도전해야만 한다.

마음 단련

 건강이 나빠지면 경각심을 갖고 필요한 조치를 하고 그 이후부터는 건강 유지를 위해 더 많이 노력해야 할 것이다. 그러나 건강이 나빠지기 전에 미리 마음과 몸을 단련하는 방법이 더 효과적이다. 공중보건학 영역에서는 질병을 적극적으로 예방하고 나아가서 건강증진을 도모하는 것을 1차 예방이라고 한다. 그리고 이것을 가장 이상적인 차원의 예방으로 본다. 코로나에 걸리지 않기 위하여 국가에서 예방 접종을 실시하고 개인은 면역력을 높이기 위한 자기 관리를 하도록 하는 것이 1차 예방에 해당한다. 그러나 어쩔 수 없이 질병에 노출되는 수위가 높아지게 되면 조기진단과 신속한 치료 그리고 치료 후의 재활을 위하여 2차, 3차 예방이 진행된다. 1차 예방은 개인의 노력이 중요하지만 2차 예방부터는 건강 관련 전문가의 역할이 보다 강조된다.

1차 예방의 차원에서 개인이 면역력을 높이기 위한 자기 관리 활동, 이것은 건강을 위한 단련(鍛鍊)이라고 볼 수 있다. 단련의 본래 뜻은 쇠를 불에 달구어 불리는 것과 그것을 두드리는 것을 의미한다. 즉 시련이나 체험, 실천 등으로 마음과 몸을 닦고 길러 굳세게 함을 뜻한다. 그렇다면, 마음 단련은 어떻게 하면 좋을까?

우리는 일상에서 많은 스트레스에 시달리고 있다. 스트레스, 즉 시련과 힘든 체험으로, 혹은 극복 실천을 통해서 마음은 이미 생활 속에서 단련되고 있는 중이다. 그러나 그러한 수동적인 단련만으로는 평소에 마음을 더 강하게 단련하는 데 한계가 있다. 우리가 아침에 일찍 일어나 조깅을 하고 퇴근해서 체육관에서 근육을 키우는 것처럼, 마음도 시련에 맞서기 위해 보다 더 적극적인 방법으로 단련을 해야 한다. 적극적인 마음 단련의 방법은 꽤 다양하다. 차분하게 명상을 하거나 혹은 일기를 쓰면서 정기적으로 마음을 비워 내고, 책을 읽으며 마음을 다시 채우고, 알고 싶은 교육을 통해 지식과 통찰을 쌓고, 그러면서 계속해서 느끼고 생각하고, 토론이나 발표에 참여하여 생각과 신념을 서로 나누고 그리고 이것을 마침내 주위에

전파함으로써 더 깊은 의미를 찾는 일. 이것이 마음 단련의 적극적인 방법이다. 비움과 채움의 과정, 그 속에서 충분히 사유하는 시간을 통해 나만의 것으로 잘 숙성해 내는 것이 마음 단련의 과정이다. 다만, 핸드폰, 인터넷, TV와 같은 도구들은 마음 단련으로 쓰기에 적합하지 않을 수 있다. 이것들은 너무 많은 정보들을 일방적으로 쏟아 내기 때문이다.

누군가는 이쯤에서, 마음 단련 이거 너무 뻔한 거 아닌가라고 말할 듯도 하다. 중요한 몇 가지를 빠뜨렸다. 그것은 마음 단련을 실행하는 스스로가 '나는 지금 건강한 마음을 위해서 단련하고 있다.'라고 '적극적 인식'을 해야 한다는 것이다. 근육 단련을 열심히 해야겠다는 다짐으로 운동 기구를 사거나 헬스장 티켓을 끊는 것처럼, 마음 단련도 해야겠다는 적극적 의도와 긍정적 인식으로 수행하는 것이 중요하다. 그리고 그것을 '규칙적'으로 수행하는 것도 중요하다. 임의적인 시련에 대비해야 하는 단련은 일상에서 규칙적으로 진행되어야 한다. 주기성을 갖고 반복적으로 진행되어야 숙달과 강화의 효과를 볼 수 있고, 그런 숙련 속에서 고통이 줄어들고 '즐거움'이 솟아나 단련을 더 즐길 수 있게 되고 중단 없이 지속할 수 있는 것이다. 왜 이렇게 무거운 쇳덩이를 돈 들여서 들어야만 하는 것인가라는 생각으로 헬스장을 간다면 그것은 단련이 아니라 노동이 될 것이다. 왜 눈을 감고 숨을 몰아쉬며 애써 졸음을 참아야 하는 것인가라며 명상을 한다면 그것은 단련이 아니라 시련인 것이다.

한여름 지루한 장마, 오늘도 비가 온다. 더운 데다 습하기까지 하니 창문으로 짜증이 왈칵 밀려온다. 창문을 닫는다. 문득 스마트폰 카톡이 울린다. 고향 친구 녀석이 신승훈의 〈오늘같이 이런 창밖이 좋아〉를 들어 보라며 공유했다. '아, 이 노래, 참 오랜만이다.' 볼륨을 더 높인다. 창문을 다시 연다. 슬며시 평온이 밀려들어 온다.

몸 단련

　김순철 씨는 아들을 사고로 잃고 외상후스트레스증후군에 시달리며 수차례 입원 치료를 반복했다. 그리고 어느 해 봄, 자립을 위해 우리마을에 입소하였다. 노년을 바라보는 나이에 체중도 많아서 계단을 오르내리는 것도 힘들어하셨다. 그는 자신이 고교 시절 축구 선수였고, 결혼 후 어린 아들과 함께 운동을 했던 기억을 떠올리며 현재 자신의 쇠약한 모습에 힘들어하셨다. 그래서 매주 진행하고 있는 축구 클럽 프로그램에 참여해 볼 것을 권유하였다. 처음에는 시합하는 것을 구경만 하였으나 점차 몸풀기 운동에도 참여하였고 나중에는 함께 시합도 뛰셨다. 이제는 축구 클럽의 주전 공격수로서 골을 넣고 멋진 골 세리머니도 하신다. 김순철 씨는 축구가 자신의 우울증을 고치고 있다고 말씀하셨다.

어떤 연구에서 수렵과 채집의 원시생활을 고수하는 아프리카 원주민을 대상으로 연령별 신체 활동량을 조사하였다. 연구의 결과는 원주민이 아동, 청년, 성인, 노년의 연령을 거치면서 신체 활동량이 줄어들지 않고 점점 증가하고 있다는 것이었다. 더구나 이들 원주민에게서 우울증이나 불안증 같은 정신질환이 전혀 발견되지 않았다. 반면에, 문명화된 현대인들에게 조사한 결과는, 아동기 이후에 나이를 먹어 갈수록 집, 학교, 직장에서의 신체 활동량은 점점 줄어들고 있었다. 그리고 동시에 많은 현대인들은 우울과 불안에 만성적으로 시달리고 있다는 결과를 새삼 확인하였다.

인류의 뼈와 근육과 관절은 200만 년 전부터 먼 거리를 빠르게 달려야 살아남을 수 있도록 최적화된 신체로 진화해 왔다. 동시에 러너스 하이(Runner's high)와 같이 운동을 통해서 맛볼 수 있는 즐거움을 보상으로 선택하였다. 즉 지속적인 운동을 통해 엔도르핀, 엔도카나비노이드라 불리는 신경전달물질을 뇌에서 생산하고, 이것이 지친 몸을 다시 짜릿하고 즐겁게 만들어 줌으로써 계속적인 운동이 가능하도록 진화된 것이다. 세계적인 작가이자 마라토너였던 무라카미 하루키는 자신의 인생에서 후천적으로 익혔던 몇 가지 습관 중에서 가장 유익하고 중요한 의미를 지닌 것이 바로 달리기였다고 했다. 그는 소박하고 아담한 공백, 정겨운 침묵 속을 그저 계속 달려가는 것, 그것이 여간 멋진 일이 아닐 수 없다는 것을 노년의 나이가 되어서도 거듭 말하고 있다. 그런데 지금 우리는 하루키만큼은 아니더라도 지속적인 신체 활동에 최적화된 선조의 신체 단련법을 거의 따르지 않는다. 애석하게도 수백만 년간 진화시켜 온 짜릿하고 즐거운 보상을 잃어버릴 위기에 처해 있는 것은 아닌지. 게다가 마음의 병이라는 부작용까지 떠안고 살아갈 수밖에 없는 처지, 그것을 인식해야 하는데. 오늘도 편한 소파에서 달콤하고 짜릿한 것을 먹으며 운동은 내일로 또 내일로 미룬다. 오늘 내 입으로 들어가는 달콤하고 짜릿한 음식은 내일의 우울 혹은 불안이라는 부작용으로 다가온다. 반면 오늘의 운동은 짜릿하고 즐거운 보상과 멋지고 날렵한 몸매는 물론, 마음의 부작용까지 단숨에 해결해 주는 삼종세트인데, 이 좋은 것을…. 말로는 더 설명 못하겠다.

사회적 단련

축구는 공을 골대로 넣기 위한 경로를 확보하는 게임이다. 그러나 아무리 개인기가 뛰어난 선수라 할지라도 혼자서는 그 경로를 확보할 수 없다. 골대로 공을 몰아가기 위한 경로는, 자기 팀 선수 11명의 곱에다 그 길을 방해하는 상대 팀 선수 11명의 제곱 조합으로 그 경우의 수는 무한하다. 수많은 경우의 수를 좁히기 위하여 선수들이 쉬지 않고 패스를 거듭하며 최적화된 경로를 비로소 찾아냈을 때, 관객들은 일제히 '골인'을 환호할 것이다. 그러기 위해서 선수들은 게임 중에 끊임없이 얘기하고, 소리치고, 몸짓 사인을 주고받아야 한다. 축구는 고도의 사회적 능력을 요구하는 스포츠이기 때문이다.

개개의 인간이 모인 사회라는 구조에서의 삶, 그 속에서 성과나 해결을 위한 골인의 경로를 확보해 내는 것 그리고 그것들이 모인 최종의 승리를 달성해 내는 것이 결코 쉽지 않다는 것은 사회생활을 거듭할수록 깨닫게 되는 진실이다. 그래서 인간은 서로 소통하면서 내가 미처 볼 수 없는 동료의 시야를 수용하고, 그것들을 연결지어 최적의 경로를 확보해 내는 사회적 능력에 대한 단련을 평생토록 하고 있다. 이러한 사회적 능력은 인간이 진화를 통해 확보한 가장 강력한 무기이다. 그러니만큼 이것이 잘못 사용되었을 때의 부작용 역시 강력하다.

밀림에 혼자 살아가는 호랑이가 조현병과 같은 정신질환에 걸릴 수 있을까? 아마도 그렇지 않을 것이다. 왜냐면 조현병은 관계 속에서 발생되는 스트레스나 트라우마가 원인으로 작용하는 병인데, 무리와의 관계가 별로 없는 호랑이에게는 적용되지 않는다. 행여 호랑이가 조현병을 앓더라도 그 병의 영향력은 인간에게서 만큼 강력하지는 않을 것이다. 조현병의 현상, 즉 불안, 환청, 망상과 같은 증상들은 관계를 방해하는 요소로 작용하고, 관계로부터의 소외나 위축을 만들고, 때로는 왜곡되어 사회로부터 이차적인 배제를 받는 악순환을 가져온다. 인간의 강력한 사회적 능력이 그만큼 영향력 강한 정신병이라는 부작용을 낳은 것이다. 아무튼, 건강한 마음과 몸 단련의 완성판은 사회적 단련이다. 사회적 단련은 부모의 사랑에서 시작하여, 학교에서 또래와의 사귐과 선의의 경쟁 그리고 직장에서 상사와 동료의 가르침과 격려로 지속된다. 일생 동안.

며칠 전, 퇴소했던 김순철 씨가 양손에 복숭아 봉지를 들고 밝은 모습으로 찾아왔다. 우리마을 가족 모두는 반가이 내려가 그를 환대했다. 우리마을을 처음 입소하는 분은 그날 저녁에 입소자와 직원들 모두 모인 자리에서 따뜻한 환영을 받는다. 그리고 시간이 지나서 퇴소하는 날, 다시 모두로부터 애정과 격려 어린 환송사를 들으며 배웅을 받는다. 김순철 씨가 우리마을을 밝은 모습으로 퇴소할 수 있었던 것은 사회적 단련의 효과였을 것이고, 또다시 찾아온 것은 그 사람들의 환대가 그리웠기 때문일 것이다.

나를 위한 용기

생명체는 자신의 안녕을 지키고 이것에 손상이 있으면 다시 회복하려는 본능을 가지고 있다. 그것을 탄력성(Resilience)이라고 하는데 생명체만의 회복 본성이라 할 것이다. 탄력성은 개별 생명체가 느끼는 고통을 최소화하고 삶의 질을 높이는 방향으로 작동된다. 우리 몸의 기관과 세포 그리고 유전자에는 이렇게 생명 유지를 위한 계획과 명령이 이미 입력되어 있다. 그래서 스스로 아직 의식할 겨를도 없이 우리 몸은 손상에 대한 회복 작업을 이미 수행하고 있다.

만일 넘어져서 다리뼈가 부러졌다면 병원에 가서 깁스를 할 것이다. 그러나 깁스라는 의료적 처치는 효과적으로 뼈가 붙도록 하는 보조 작업에 불과한 것이다. 부러진 뼈세포와 분자 단위에서 진행되는 유기체 재생 활동, 즉 탄력성이 치유의 실체인 것이다. 우리의 손상된 마음의 회복도 마찬가지이다. 상담가는 상처 난 마음이 다시 아물 수 있도록 보조 역할을 할 수 있다. 그러나 마음 치유의 실제 주체는 당사자이며, 스스로 고통을 감내하며 삶의 의지로 작은 도전들을 하나하나 시도하는 위대한 도전, 이것은 오직 당사자만이 할 수 있다. 상담가 아들러가 말하는 '나를 위한 용기'가 움트면서 비로소 회복은 시작된다.

동물과 다르게 인간의 자아는 고도화된 사고 기능과 윤리 의식을 가지고 있다. 그래서 개별적 생명 유지를 위한 본능을 뛰어넘어 주변 사람들의 안녕까지도 추구한다. 때로 개별적 본능을 능가하는 인간의 사회적 본능은 실로 강력한 것이다. 누구나 마음의 상처로 힘든 상황이 되면 다시 회복의 과정을 거쳐 삶에 대한 용기를 발동하기 마련이다. 그러나 어떤 이는 자신의 존재 가치를 찾지 못하게 되면서 자신을 위한 용기 대신에 '타인을 위한 용기'를 선택하기도 한다. 타인을 위한 용기는 결국 스스로를 죽이는 결과까지 갈 수 있다. 자살 예방 연구자 토마스 조이너의 이론에 따르면, 사람은 타인으로부터 '짐이 되고 있다는 느낌'을 가지면서 본격적으로 자살을 준비하게 된다고 한다. 그래서 마음이 손상된 사람이 있다면 그가 스스로를 귀하게 여기고 자신의 가치를 찾을 수 있도록 응원하고 격려해야 한다.

　사람들은 삶의 고달픔과 혼란이 쌓여 가면, 현실에서 나를 위한 용기를 발동하는 것을 회피하는 경향이 있는 것 같다. 대신, 과거에 연연하는 우울, 혹은 미래에 너무 민감한 불안을 선택한다. 나를 위한 용기를 먼저 발동해야 타인을 위한 용기도 의미가 있다. 현재의 나에게서 존재의 가치를 찾지 못한다면 결국, 타인도 미래도 없는 것인데 말이다.

마음 풍선

우리의 마음은 풍선으로 비유되고, 마음에 들어오는 스트레스는 바람으로 비유된다. 바람이 많이 들어오면 풍선은 점점 커진다. 그러다 너무 커 버리면, 날카로운 것이 스치기만 해도 빵하고 터져 버린다. 터진다는 것은 정신적으로 심각한 문제가 발생하는 것, 즉 멘털 붕괴 상태가 되는 것이다. 풍선에 바람이 적당히 들어 있어야 마음이 건강한 것이라 볼 수 있다. 그래서 풍선에 바람이 과도하게 들어오지 않도록 풍선 입구를 막아야 한다. 반면에 바람이 이미 너무 들어와 있을 때는 바람을 밖으로 빼내야 한다.

우선, '바람 빼기'는 건전하게 스트레스를 해소하는 것을 말한다. 잘 먹고, 잘 자고, 맛있는 것 먹고, 운동하고, 음악 듣고, 친구랑 수다 떨고…. 그러는 것이 바람 빼기이다. 그러면 나도 모르게 풍선의 크기가 작아져 있다. 하지만 술 마시고, 담배 피우고, 도박하는 것으로 스트레스를 풀려다 보면, 처음엔 바람이 빠지는 듯하지만 어느새 다시 더 크게 부풀어 버리곤 한다. 바람 빼기는 일상에서 그리 어렵지 않게 할 수 있다.

한편, 바람이 들어오지 않도록 '풍선 입구 막기'는 생각보다 쉽지 않을 수 있다. 이것은 긍정적인 사고를 통해서 스트레스를 더 이상 유입시키지 않으려는 전략이다. 이것은 세상을 있는 그대로 보기 위하여, 쓰고 있던 검은색 선글라스를 벗어 버리기 위한 마음 수련을 필요로 한다. 지금 내가 끼고 있는 선글라스는 세상을 바라보는 믿음과 신념의 필터인데, 그것을 긍정적인 색깔로 갈아 끼우면 세상이 밝아지고 행복해진다. 생각이 긍정적으로 바뀌면 정서도 긍정적으로 따라온다. 풍선의 입구로 들어오는 스트레스를 긍정적인 필터로 걸러 내는 것이다.

각자가 가지고 있는 마음 풍선의 '두께'는 개개인의 성격을 비유한다. 타인의 언행에 쉽게 상처받고 그로 인한 어려움을 상대와 원활하게 풀어내는 것에 서툰 사람들, 그들은 마음 풍선의 두께가 얇은 사람들이다. 그러면 스트레스에 잘 대처할 수 있는 두꺼우면서도 유연한 풍선을 만드는 방법은 없을까? 각자의 풍선 두께는 타고난 것이거나 어려서부터 가족과 만들어 온 것이기에, 개선을 위해서는 많은 시간이 필요하다. 하지만 누군가의 도움과 환경의 변화가 제공된다면 개선될 수도 있는 것이다. 즉, 풍선에 테이프를 붙이면 바늘로 찔러도 터지지 않듯이, 마음에 '보호막'을 쳐서 터지지 않도록 할 수 있다. 주변 사람들의 관심과 사랑, 전문 프로그램, 정신건강의학과 진료와 약물 처방 등은 상처 입기 쉬운 마음에 보호막을 씌워 준다.

우리 각자의 마음속에는 풍선이 들어 있다. 너무 커 버리지 않도록 적당한 크기로 관리해야 한다. 그리고 풍선의 두께가 너무 얇다면 보호막을 씌워야 한다. 마음 풍선이 터져서 나의 모든 것이 흩어져 버리지 않도록 말이다.

회복 탄력성

 도마뱀의 꼬리는 끊어지면 새로이 자란다. 우리의 뼈도 부러지면 다시 붙는다. 이것은 회복이다. 원래의 상태로 스스로 되돌아가는 힘, 그것을 탄력성(Resilience) 혹은 회복 탄력성이라고 부른다. 우리의 마음이 손상되어도 이러한 복원력이 작동된다. 마음의 손상이 지속되면 정신 질환이 생겼다는 의미도 되는데 이를 치유하고 다시 건강한 상태로 되돌리려는 마음 회복 작업은 뇌에서 작동된다. 우리 마음의 등불은 연속되는 고난과 상처에 흔들릴 수밖에 없지만 마음 회복의 작용으로 쉽게 꺼지지 않는다. 최근에는 탄력성의 정도를 정신건강의 정도로 가늠하기도 한다. 풍선이 너무 커 버리면 탄력을 발휘하지 못하고 곧 터지기 직전 상태가 된다. 반면에 풍선이 너무 작아도 탄력을 잃고 흐믈흐믈한 상태가 된다. 두 경우 다

마음이 건강하지 않은 것이다. 적당한 크기를 유지하고 있는 풍선이 제일 탄력이 좋고 정신적으로 건강한 상태라고 볼 수 있다.

  사람들은 마음 건강의 정도를 가늠한다면서 우선은 정신질환이 있는지 혹은 얼마나 심각한지 판단하는 것에 익숙하다. 정신질환이 있고 없고의 판단에만 몰두한다면 도리어 회복 탄력성의 작용을 경직되게 만들 수 있다. 정신질환에 대한 편견이 작용하기 때문이다. 마음이 힘든 당사자는, 우선 자기 마음의 풍선을 들여다보아야 한다. 얼마나 풍선이 커져 있는지 그리고 얼마나 견뎌 낼 수 있을 것인지, 내 풍선의 두께가 혹시 얇아진 것은 아닌지, 풍선에 어떤 상처가 났는지 유심히 들여다보아야 한다. 풍선이 커져 있다면 바람을 빼내고, 너무 많은 바람이 계속 들어오고 있다면 풍선 입구를 막아서 바람을 차단하고, 풍선에 상처가 났다면 보호막을 쳐야 한다. 주위에 도움을 요청해야 한다. 그리고 도움을 주는 상담가는 당사자가 현재의 고통과 고난을 어떻게 받아들이는지 잘 들어 보고, 앞으로 그것을 극복해 갈 수 있는 힘, 탄력성은 어느 정도 유지하고 있는지를 우선적으로 가늠해야 한다. 그래야 클라이언트가 진행하는 회복의 과정에 눈높이를 맞춰 도움을 줄 수 있다.

탄력성은 자기수용적 탄력성을 거쳐서 외부지향적 탄력성으로 작동된다. '자기수용적 탄력성'은 삶의 고난과 고통에 아파하고 때로는 몸부림치는 과정에서 이를 견뎌 내고 수용해 나가는 과정이다. 즉 외부의 충격을 완충해서 전달하는 자동차의 범퍼와 같은 역할을 하는 것이다. 한편, 마음에서 작동되는 신비롭고 역동적인 기능이 '외부지향적 탄력성'이다. 이것은 외부의 충격을 완충하는 것을 넘어 그 반동을 더 크게 키워서 발산하는 힘이다. 봄에 장미의 새순을 따 주면 상처받은 가지 끝에서 새롭게 다른 순들이 돋아나 훨씬 더 많은 꽃을 피워 내는 것처럼 말이다. 아픈 곳을 붕대로 감으면 상처가 되고 흉터로 남는다. 한편, 마음의 밭으로 받아 낸 상처는 거름을 만나서 성숙으로 열매 맺는다.

미주 씨가 회복할 수 있었던 이유

몇 해 전 가을, 미주 씨는 정신병원을 퇴원하면서 우리 마을로 입소하였다. 그녀는 가족과 연락이 끊겨 있었고 입원 전 이웃과의 분쟁 이후 누군가 자신을 해칠 것이라는 생각과 불안이 여전히 심한 상태였다. 그녀는 입소하면서 정신과 약을 먹지 않겠다고 하였고, 작은 일에도 쉽게 분노하였으며, 담당 사회복지사를 믿지 않고 자립 훈련 프로그램에도 거의 참여하지 않았다. 결국 입소 4개월 되던 어느 날, 미주 씨는 선생님들의 만류를 뿌리치고 고시원에서 혼자 살겠다며 스스로 퇴소하였다. 얼마 후, 고시원 주민의 민원 제기를 통해 미주 씨는 다시 정신병원에 강제로 입원될 수밖에 없었다. 미주 씨는 정신병원에서 여름을 보냈고, 이후에 퇴원에 임박해서는 그녀가 우리마을로 다시 입소를 원한다는 병원 측의 의뢰서를 받게 되었다. 선생님들은 미주 씨가 다시 입소하여도 어려움이 반복될 것이라는 걱정을 떨칠 수 없었다. 그런데 그녀가 입소한 이후에, 실제는 예상과는 다른 모습이었다. 이번에는 약물 복용에 협조적이고, 자립 훈련 프로그램에도 열심히 참여했다. 미주 씨는 월드컵 경기를 동료들과 같이 보면서 응원하고 싶다는 욕구를 말하고, 연락이 끊긴 오빠를 다시 찾아보겠다는 의지를 보였다. 지난번과 이번은 달라도 너무 달랐다. 이렇게 미주 씨가 회복할 수 있었던 이유는 무엇일까? 이제 정신과 증상이 '치료'되어 그렇다고 그 답을 표현하기엔, 너무 부족하다.

축구 전문가들은 여러 변수를 이유로 지난 카타르 월드컵에서 한국의 16강 진출의 가능성은 10%도 안 된다고 하였다. 그리고 많은 축구 팬들도 이러한 성과까지 기대하지 않았던 것이 사실이다. 그러나 벤투호는 보란 듯이 16강을 넘어 8강에 도전하였다. 이들이 이렇게 선전할 수 있었던 이유는 무엇일까? 카타르의 '기적'이라고 그 답을 표현하기엔, 너무 부족하다.

축구 시합에 임박하여, 감독은 선수들의 다양한 변수를 분석하고 최적의 경로를 선택하여 승리로 이끌려고 한다. 마찬가지로 담당 사회복지사는 정신적 어려움이 있는 대상자의 다양한 변수를 사정하고 효과적인 회복 지원 전

략을 세운다. 그러나 감독이나 사회복지사가 의도하는 변수는 제3자의 시각에서 선택한 '횡단적 변수'라고 볼 수 있다. 이것도 중요하지만, 선수나 당사자의 시각으로 자신의 삶을 관통하는 시간 속에서 하나하나 쌓아 온 변수, 즉 '종단적 변수'가 있었음을 잊어서는 안 된다. 선수들 개개인이 겪었을 수많은 도전과 시행착오, 미주 씨가 삶의 고통에 직면하여 부여잡았던 수많은 선택과 그로 인해 흘렸던 고통 섞인 피와 땀, 그것이 모이고 쌓여서 한국의 16강과 미주 씨의 회복이라는 그릇에서 비로소 흘러넘칠 수 있었던 것임을. 비로소 넘쳐서 흐르기 전까지는, 어떻게 일어설 수 있었는지 아무도 모른다. 당사자 외에는.

처음이라 희망적이다

두 살 무렵의 딸아이가 생애 처음으로 아이스크림 맛을 보고 나서 두 눈이 동그래지며 입맛을 다시던 모습을 떠올리면, 나는 지금도 입가에 미소가 맴돈다. 좋고 즐거웠던 것의 처음 경험은, 웬만해서는 이후에 다시 느껴 볼 수 없을 만큼 특별한 것이다. '처음이라' 더할 수 없이 좋은 것이다. 그래서 사람들은 그 초심(初心)을 소중히 간직하려는 것 같다.

반면에 나쁘고 고통스러운 것도 '처음이라'는 이유로 훨씬 더 힘들고 아프다. 코로나 PCR 검사를 위해 선별검사소에서 강제로 코를 찔려야 하는 아이의 공포 섞인 울음소리를 우리는 생생히 기억하고 있지 않은가. 그곳에서 줄 서서 울먹이던 그 아이의 두려운 심정을 모두가 동병상련의 마음으로 공감했을 터이다.

조현병과 같은 정신증은 청년기 혹은 성인 초기에 많이 발병한다. 처음에는 사람들과의 관계에 있어서 예민해지고 짜증나고 불안한 모습이다. 그리고 학업이나 일에 있어서도 집중력이 떨어진다. 잠도 제대로 못자고 때로는 이상한 생각에 휩싸이고 환청까지 들리기도 한다. 그러나 이때 상담을 받거나 병원에 가야 한다는 생각을 미처 못하는 경우가 많다. 나중에 주위의 권유로 찾아간 정신과 병원에서 비로소 처음으로 조현병이라는 진단을 받게 되었을 때, 당사자나 그 가족은 그 병을 인정하려 하지 않는 경우가 흔하다. 병을 인정하지 않는 것은 닥친 현실을 부정하는 정상적 반응이다. 이후에 정신증과 조현병을 조금씩 알게 되고 인정하는 과정에서 충격과 좌절에 빠진다. 이는 처음이기에 감당하기 힘든 고통이다.

　불과 10년 전까지만 해도 전문가들은, 정신증의 잦은 재발로 장애를 동반하는 '만성' 상태와 이와는 사뭇 다른 '초발' 상태에 대한 접근법을 섬세하게 구분하지 못하였다. 그러나 이제는 더 힘들고 혼란스러운 것이 초발이니 주위에서 이를 알고 빨리 조치해 주고 조기에 도움을 받을 수 있도록 해야 한다는 움직임이 확산되고 있다. 특별한 관심과 지원은 정신적 고통에 시달리고 있는 청년들이 더 빨리 회복하고 장애에서 벗어나 일상으로 돌아올 수

있는 가능성을 높일 수 있다는 것이 명백히 확인되었다.

처음이라 더 힘들 수 있지만, 처음이기 때문에 더 희망적이다. 선별검사소에서 발버둥치는 아이에게서 우리가 느꼈던 동병상련의 연민에서, 마음 아픈 청년들을 위한 작은 희망을 만들 수 있으리라 믿는다.

청년의 꿈, 강력 스파이크

　과도하게 들뜬 기분으로 또래들과 감당할 수 없는 일을 벌였던 종선 군, 환청에 시달리며 집에만 있어야 했던 철민 군, 작은 스트레스에도 습관적인 자해 행동을 하면서 자신은 무가치하다고 비관했던 연지 양. 이들은 짧은 세상살이에서 상처받은 아픈 마음을 부여잡고 있었다. 그리고 다시 사회 진출에 도전하기 위하여 우리마을에 한동안 머물면서 자립을 준비했던 청년들이다. 요즘 청년들은 예전보다 몸과 마음이 약해진 것일까? 아니면 청년들에게 있어서 사회적 환경이 견뎌 내기 어려울 정도로 험악해진 탓일까? 마음 아픈 청년들을 만나면서 갖게 되는 의문점이다. 무엇 때문인지 모르겠지만 달라진 분명한 것은, 예전에 비하여 이들은 귀해졌고 그렇기에 예전보다 더 귀하게 커 왔다는 것이다. 그렇지만 귀하게 성장한 것이 이들을 강하게 만들지는 못한 것 같다. 또 한편으로는 귀한 만큼 우리 사회가 결코 그들에게 든든한 환경이 되어 주지도 못했던 것 같다.

정신질환이 발병한 지 대략 5년 이내를 초발이라고 하는데, 우리마을은 치료 시작 5년 이내를 초발 대상자로 보고 있다. 우리마을을 거쳐 간 대상자 네 명 중 한 명이 여기에 해당한다. 이들은 입소 중에 규칙을 어기고 갈등을 일으키거나 자살, 자해 문제를 일으키곤 하였다. 청년들은 성인 입소자보다 대체로 예민하고 사고의 위험성도 높아서 담당 선생님들이 더 각별한 관심을 기울여야 했다. 하지만 안정적인 환경에서 따뜻한 관심을 나누었더니 그만큼 변화로 답해 주는 것이 이들 청년이었기에, 개소하면서부터 이들을 위한 사업은 중단하지 않고 이어 가고 있다. 사업명을 '청년의 꿈, 강력 스파이크'라고 붙였다. 이들을 정신의료기관으로부터 안전하게 의뢰받아 주거를 제공하고(리시브), 청년에 특화된 인지행동 및 진로 프로그램을 통해서 자립능력을 키우고(토스), 사회로 나간 뒤에도 지속적인 사후관리(스파이크)를 제공하는 3단계 전략이다.

축구 클럽 시간에 자신의 특기인 마르세유 턴을 나와 동료들에게 가르쳐 주었던 종선 군은 퇴소 후 다시 대학에 복학하였다. 음악 밴드 시절의 보컬 실력을 수줍게 과시했던 철민 군은 대학을 졸업하고 여자 친구도 생겼다고 한다. 연지 양은 자신도 힘들지만 더 힘든 아이들을 위해 자원봉사 활동을 꾸준히 하고 있다는 소식을 전해 왔다. 이들의 여린 가슴에는 상처와 꿈이 동시에 안겨 있다. 상처는 조심해서 함께 보듬어야 한다. 꿈은 저 위로 귀하게 토스되어야 한다. 저 아래로 멋지게 스파이크 날릴 수 있도록.

상처받고 용서를 하기까지

 마음에 큰 상처를 받은 클라이언트가 있었다. 그는 아침부터 나의 인사에 답하는 대신, 격양된 어조로 자신이 친구들로부터 따돌림당했던 오랜 기억의 조각을 계속해서 이야기하곤 하였다. 그 시절 얼마나 아팠으면 십수 년이 지나서도 저렇게 떠올리며 힘들어하는 것일까. 누군가로부터 상처를 받았다면 우리는 그 사람을 오래도록 증오하게 된다. 그리고 시간이 지나도 증오의 불씨는 꺼지지 않고 남아 있다가 연관된 사건과 기억으로 불쑥 타오른다. 상처가 시간 속에 고이 묻히지 못할 경우에는 언제든 현재의 생활로 다시 솟아올라 쓰라린 고통을 준다. 더 심한 경우, 이 클라이언트처럼 트라우마가 인생을 압도해 버리기도 한다. 그래서 상담가는 두려움, 분노, 수치심 그리고 슬픔을 표출하게 하고 다독거리면서 상처의 자리에

응급 처치를 한다. 그리고 당사자는 상처가 조금씩 아물어 가면서 인정, 수용 그리고 용서를 할 수 있게 된다.

 나 역시 군 생활을 하면서 한 고참에게 무시와 조롱의 상처를 받았었다. 상처는 점점 부풀어 올라 그에 대한 증오까지 품게 되었다. 그러던 어느 날, 나는 PX 공중 전화기 앞에 줄을 서 있었고, 내 앞에서 그 고참이 먼저 통화를 하게 되었다. 고참의 수화기에서 한 여성의 가냘픈 음성이 들렸다. 얼마 안 남은 전역까지 부디 몸조심하라는 걱정 어린 어머니의 목소리였다. 그리고 나는 나중에 누군가로부터 듣게 되었다, 고참이 아픈 홀어머니를 모시고 살다가 입대하게 된 사실을. 내가 증오하는 그 인간도 누군가의 소중한 아들이었음을 인정하니 나의 증오도 조금은 가라앉는 듯하였다. 그렇다고 나는 그 당시 고참을 용서하지는 않았다. 다만 흐르는 시간 속에 덮어 두었을 뿐.

 작년에 나는 아버지가 시골 요양원에 계시면서 자주 병원 입원을 하셔서 수시로 내려가야만 했다. 병원에 갈 때마다 코로나 검사를 하고 간병사와 교대를 했다. 점점 야위어 가고 걷지도 못하게 된 아버지를 볼 때면 돌아가신 할머니가 문득 떠올랐다. 아버지는 나의 아버지이기 이전에 할머니의 소중한 아들이었다는 생각에, 아버지가 더 가엾게 보였다. 누군가의 자식은 원래 귀한 것이고, 가여운 존재로 다가온다.

　인간관계의 얽히고설킴, 그 속에서 만들어지는 갈등과 상처는 결국 본질적인 인간의 모습으로 관조할 수 있게 되면서 조금씩 인정하고 수용할 수 있게 되는 것 같다. 상처를 주었던 그가 아무리 미운 인간이라고 해도, 그 역시 누군가로부터 태어나졌을 뿐이고 결국엔 죽게 되는 것임을 인정하게 된다. 그러면서 지난날의 상처를 조금은 더 성숙하게 수용할 수 있게 된다. 마지막에 용서가 남는다. 상처 준 그 사람은 나의 용서를 알지 못하는 경우가 많다. 용서는 상처받은 나 자신의 평온을 위해서 하는 것이니, 나만의 선택으로 남는다.

고난에서 감사까지

 우리는 살면서 수많은 고난에 부딪힌다. 사람들과의 관계에서 오는 상처에서부터 사회적 현상으로 일어나는 재난 그리고 대자연의 흐름 속에서 필연적으로 종속되는 생명체의 운명까지. 우리는 상처로 아파하고 재난의 상황에서 원망하고 한탄하고, 때로는 헤어나기 위한 몸부림을 해 왔다. 하지만 극복의 시도가 번번이 좌절되면 지치게 되고 더는 헤어 나올 수 없다는 무기력에 빠진다. 그렇지만 결코 무기력한 모습으로만 있지는 않았다. 어떤 날은 고난과 무기력의 파도에 휩쓸렸지만 또 어떤 날은 그 파동에 몸을 맞겨 고즈넉이 음미하고 있는 모습을 보여 줄 때도 분명 있었으니.

 송파구 오금동에서 혼자 살고 계셨던 할머니는 내가 아주 오래전에 만났던 클라이언트이다. 할머니는 내가 아파트 현관문을 열 때면 며칠 만에 사람을 본다며 반가워하셨다. 그는 일주일에 겨우 한 번 외출을 하셨다. 무릎관절염이 심하여 유모차를 밀고 교회에 가는 일이 유일한 외출이었다. 애증의 과거와 고난의 현재를 버겁게 딛고 성심을 다해 기도하셨다. 그리고 어쩌다 찾아오는 사회복지사를 위한 기도까지도 잊지 않으셨다. 나의 어머니 외에 날 위해 기도해 주는 유일한 분이셨다. 그리고 보잘것없는 나의 말과 행동 하나에 어찌나 고마워하셨던지. 할머니는 당신의 힘든 삶 속에서 타인을 위한 배려와 감사의 마음을 어떻게 간직할 수 있었던 것일까. 그때의 청년 사회복지사는 그 이유를 알 수 없었다.

끊임없이 밀려오는 코로나의 파도에 우리는 많이 지쳐 있었다. 우리는 그동안 숱한 불편함과 혼란 그리고 두려움의 고비를 넘어왔다. 그리고 코로나 이전의 자유롭던 이동과 만남에 대한 아련한 그리움도 새삼 느끼고 있다. 고난의 여정 속에서 잠시나마 좋았던 시절에 대한 그리움을 품을 수 있다는 것은, 그것은 마치 고난의 불모지에서 새로운 희망의 싹을 틔우는 것과 그리 다르지 않다는 생각이 든다.

고난에 대한 가장 효과적인 대비책은 극복을 위한 활동이다. 시험 불안에 대한 가장 효과적인 대비책은 열심히 공부하는 것이다. 그렇다면, 고난으로 만들어진 무기력과 상처에 대한 가장 실질적인 치유법은 무엇일까? 지나온 애틋한 그리움 그리고 앞으로의 소박한 동경을 품는 것에서 치유가 시작된다고 나는 믿는다. 고난의 파도와 또 밀려오는 파도 사이에 나눌 수 있었던 애틋한 정과 소박한 위안의 조각들을 무심히 흘려버리지 말자. 지나간 코로나의 어려움 속에서도 우리가 누릴 수 있는 건강과 자유는 여전히 존재하였다. 그나마 지금의 고난보다 더 큰 고난이 아직 오지 않은 것에 대하여 안도하고 감사할 수 있다면, 극복은 이미 진행 중인 것이다.

 더 큰 고난이 아직 다행히도 오지 않았음에 대한 자각, 지금 여기서 함께 나누고 있는 소중한 것들, 이것을 깨닫게 된다면 고난의 파도도 감사함으로 밀려온다. 감사는 밀려오는 불안과 두려움에 휩쓸리지 않는 저 밑바닥 깊이 박힌 닻이 되어 줄 것이다.

4부

—

의미수호

매일 새벽 날이 밝음과 동시에 소통문이 열리고 행복성의 하루가 시작된다. 아침 햇살이 소통문으로 들어와 기쁨족과 희망족을 깨우고 성 동쪽의 의미수호(水湖)에 닿아 황금빛 물결로 부서진다. 의미수호 주변의 땅은 비옥하다. 그래서 승화와 통합이 햇살을 잔뜩 머금고 흐드러지게 피어난다.

인간발달이론은 에릭슨의 8단계에서 조지 베일런트의 10단계로 확대되었다. 즉 친밀감과 생산성이라는 생애 과업 사이에 '직업적 안정'이 추가되었고, 생산성과 통합성 사이에 '의미수호(守護)'가 추가되었다. 중년기를 지나 노년기에 접어들면서 인생의 의미를 찾아야 하고 그 의미를 자식과 후배들에게 전수하는 일, 그것이 의미수호라는 생애 과업이다. 현대인은 늘어난 수명만큼 직업적 안정과 생산성을 추구하고 의미를 수호하는 과업에 많은 시간을 할애하게 된다. 그러면 의미수호의 주변이 비옥해져서 승화와 통합이 흐드러지게 피어난다.

봄

　수원시 분당선 역 근처에 우리마을이 있다. 빌라형의 기관 건물 옥상에는 나무가 자라고 꽃이 피는 작은 정원이 있다. 옥상 정원에서 요즘 한창 꽃을 피우고 있는 무스카리와 튤립을 소개한다. 무스카리는 어느 해 봄에 포도송이 같은 연보라 꽃이 하도 예뻐서 화원에서 하나 사왔었다. 책상 위에 두고 꽃을 보다가 옥상 정원에 옮겨 심고 나서는 잊어버리고 있었는데, 다음 해 봄, 그 자리에 다시 삐죽 꽃망울을 내밀고 앙증맞은 꽃을 피워 냈다.

　튤립도 어느 해 봄에 사회복지사 샘들 책상 위에서 꽃을 피우고 나서, 역시 옥상으로 옮겨 심어졌다. 한여름엔 알뿌리를 다시 캐어 그늘에 두었다가 늦가을에 다시 옮겨 심어야 했다. 그리고 다음 해는 옥상에서 튤립을 한창 볼 수 있으리라 기대했는데, 정작 알뿌리마다 한두 잎만

삐죽 내민 채 더 이상 크지 못하고 겨우 딱 하나만 어렵게 꽃을 피웠다. 빨간 꽃송이 하나 바람에 살랑 흔들리는 것이 예쁘지만, 한편으로는 애처로웠다.

옥상 정원 그 아래 네 개 층에는 다소 까다로운 사람들이 모여서 살고 있다. 마음이 아픈 이들이 정신병원 입원 치료를 받고 퇴원하여, 이곳으로 와 몇 달간 머물며 회복을 도모하고 독립적 생활을 위한 준비를 하기 위함이다. 이들은 여전히 정신적 고통을 느끼고 있고 아직은 사회적 위축이 드러나 보이는 모습이 있다. 마치 옥상 정원의 튤립처럼.

언젠가 나는 출장 시간이 임박해서 허겁지겁 2층 식당에서 점심을 먹고 있었다. 투명 아크릴판을 사이에 두고 묵묵히 밥을 먹던 철민 군이 "선생님, 이런 기관에서 얼마나 일했나요? 우리 같은 사람이랑 일하시는 게 힘들겠네요."라고 먼저 말을 건네 왔다. 철민 군은 두 달 전 입소한 조현병을 앓고 있는 청년이다. 말수가 거의 없었던 그가 오늘 처음 내게 말을 걸어온 것이다. 나도 대꾸를 했다. "힘들지만 그래도 좋은 일도 있어요. 지금처럼 철민 님에게서 느끼는 반가움 같은 거 말이죠."

그래, 옥상 정원 아래층에도 어김없이 봄은 왔구나. 이 날 귀하고 예쁜 튤립을 식당에서 보았다. 우리 주변에는 지역사회라는 생태에 잘 적응하여 무스카리처럼 무난히 꽃을 피우는 사람도 있고, 튤립처럼 무언가 조건이 맞지 않아 어려움을 겪으며 꽃을 피우는 사람도 있다. 어렵게 피어나는 꽃은 분명히 더 소중하다. 그래서 더 아름답게 느껴진다.

여름

계절이 가고 봄에 보았던 튤립과 무스카리는 이제 볼 수 없다. 지금은 하얀 수국이 정원의 주인공이다. 봄에 준 거름 덕에 키가 쑥쑥 커서 작년의 두 배는 크고 소담한 꽃을 피워 내고 있다. 그러나 벽돌 기둥을 타고 오르는 능소화는 올해도 얄팍한 가지만 뻗치고 있을 뿐이다. 주황빛으로 멋지게 타오르는 능소화 꽃은 올해도 보기 어려울 것 같다. 물도 거름도 부족하지 않게 주었는데, 이유를 모르겠다.

두 달 전 입소한 민수 씨는 고등학교 졸업 후 서른이 되기까지 자기 방에서 나오지 않고 은둔형 외톨이로 살아왔다. 가족과 친구와 대인관계를 끊고 사이버 세계로 은둔하였다. 급기야 조현병으로 입원 치료를 받고 우리마을로 입소한 후에도 흡연실과 편의점 갈 때 외에는 방에서 나오지 않았다. 늘 이어폰을 끼고 있어서 어깨를 두드려 불러야 겨우 눈을 맞추고 한마디 음성을 들을 수 있었다. 민수 씨는 지금 옆에 있는 누구와도 관계를 원치 않는 것처럼 보였다. 그도 능소화처럼 꽃을 피우지 못하고 있는 것이다. 가족과 사회복지사도 애쓰고 있는데, 왜일까? 담당 사회복지사도 조금씩 지쳐 갔다.

관계에 대한 욕구는 인간의 본능이고 삶의 절대적인 부분이다. 그래서 결국 관계의 문제로 병이 생기고, 또 병을 낫게 하는 것도 주위의 관심과 소통으로부터 가능하다. 그래서 밀림에서 혼자 사는 호랑이는 결코 조현병에 걸리지 않는다. 민수 씨도 분명 관계로 인한 문제로 조현병이 생겼을 것이고, 이것의 회복을 위해서는 주위의 애정 어린 관심과 소통이 필요하다. 그러나 다시 관계를 시작하여 풀어 갈 수 있는 방법을 우리는 아직 찾지 못하고 있다. 그래서 필요한 것은 시간이라고 위안을 삼는다.

식물이 물과 거름만으로 꽃을 피워 낼 수 없으니 햇볕이 필요한 것이다. 햇볕은 무한 동력이다. 민수 씨에게도 무한 동력, 사랑과 관심이 필요하리라. 우주 속 태양은 정말 끝없는 힘을 내려 주고 있지만, 우리 인간에게는 사랑과 관심의 소진이 때때로 온다. 민수 씨도 자신에게 주어진 시간의 한계를 알고 있을는지. 그러나 내년 여름에는 능소화가 꽃을 피우고 민수 씨도 꽃을 피울 것이라 믿는다. 코로나와 뒤범벅된 유난스러운 더위도 얼마 지나면 떠밀려 날 것이다. 어떤 것도 계절의 정거장에 오래 머물 수 없는 것처럼, 밀려오는 가을을 옥상 펜스 너머로 저만치 내다본다.

가을

 봄의 튤립과 무스카리는 이미 땅속에 묻혀서 긴 겨울을 준비하고 있고, 여름을 눈부시게 달구었던 수국도 말라서 바스락 소리만 흔들리고 있다. 은둔형 외톨이 민수 씨도 우리마을에서 여름을 나고 지역사회의 그룹홈으로 나갔고, 지금은 그곳의 동료들과 세상의 거친 물결을 타고 있으리라.
 '위드 코로나 물결', 지금 우리 사회가 코로나를 건너서 닿은 물결이다. 하지만 확진자 수가 언제 파도로 덮칠지 모르는 상황이다. 그래서 정신질환 당사자는 외출과 면회를 한층 더 통제받고, 종사자는 매주 두 번씩이나 보건소로 가서 코를 찔려야 한다. 이렇듯 방역을 위한 통제는 안전 확보를 위한 대가로 자유를 구속하고 있다. 통제해야 할 대상은 분명 코로나바이러스지만, 정작 통제로 인한 고통은 바이러스가 아닌 사람들의 몫이다. 이제는 정말 위드 코로나 물결이 우리의 고통을 완화하고 관계의 구속으로부터 자유롭게 해 주었으면 좋겠다.

정신질환도 우리 사회에서 코로나와 같이 통제의 대상으로 인식된다. 정신적 고통과 증상은 약물 치료와 입원 그리고 사회적 배제로 통제된다. 정신질환에 대한 통제로 인해 정작 고통을 호소하는 이는 다름 아닌 정신질환을 앓고 있는 당사자이다. 정신질환의 증상 즉 불안, 우울, 환청, 망상은 그 자체가 고통인데, 사회가 이것을 통제함으로써 정작 당사자는 이중의 고통을 감내해야만 한다. 이제는 '위드 마음 앓이 물결'이 일어서 마음 아픈 사람들의 고통이 완화되고 관계의 두려움으로부터 자유롭게 되었으면 좋겠다.

이상 기후와 감염병을 겪어 내면서 많은 것들이 변했다. 그러나 저 멀리 우러러보는 가을 하늘은 예전 그대로 높고 깊기만 하다.

다시 돋우는 마음

 몇 해 전 봄에 옥상 정원의 펜스를 타고 올라가도록 인동초를 심었었다. 인동초는 김대중 대통령께서 생전에 아끼고 좋아하셨다는 덩굴나무다. 여름이 되어 펜스를 휘감고 올라가는 인동초 줄기를 감탄스럽게 바라보고 있었던 나는, 어느 한 줄기가 꺾여서 애처롭게 끊어질 듯 매달려 있는 것을 보았다. 전지가위로 그 가지를 아예 싹둑 잘라 버릴까 하다가 혹시나 해서 그냥 두었는데, 글쎄 이 녀석이 시들지 않고 끝끝내 버텨 냈다. 오히려 기역자로 꺾인 채로 더 굵게 가지를 돋우어 내는 것이 아닌가. 그리고 끝끝내 가지 끝에 붉은 꽃들을 피워 내는 것이다. 그 뒤로 나는 옥상 정원으로 올라가면 종종 그 기역자 가지를 바라보며, 아래층에 있는 마음 아픈 분들을 연상하곤 했다.

마음 아픈 분들은 이미 마음이 꺾인 분들이다. 마음이란 것이 삶의 충격과 고통에 못 이겨 마음병으로 허물어진 것이다. 이들은 꺾이고 상처 난 마음을 다시 돋우기 위하여 인내와 회복의 시간을 보내고 있다. 어떤 힘으로 이들은 꺾인 마음을 다시 잇고, 그 상처 옆에 다시 새순이 돋아날 수 있도록 하는 것일까? 그것은 인동초 고유의 생명력 즉, 마음의 탄력성(Resilience) 때문이라 할 것이다. 그래서 우리마을은 상처를 돋우어 내는 질긴 '생명력' 그리고 그것이 햇살을 향하여 타고 올라가는 '희망'이라는 것, 그것들을 신봉한다. 우리마을 사람들은 생명력과 희망을 소중히 다루고 지켜 내어, 마침내 스스로 상처를 돋우어 낼 수 있을 때까지 곁에서 머물며 기다린다.

지난해 우리 월드컵 대표 팀 선수들이 몸은 각종 부상에 시달리면서도 '꺾이지 않는 마음'의 투혼을 발휘하여 16강의 위업을 달성하였다. 이 말은 요즘 고난을 겪고 있는 많은 사람들에게 큰 힘을 주고 있다. 이루어야 할 사명을 향한 꺾이지 않는 마음, 그것은 중요하다. 그리고 또 잊지 말아야 할 것은, 행여나 모진 세파에 꺾일지언정 그 마음을 끝끝내 다시 돋우어 낼 수 있다는 것, 인동초의 귀한 가르침이다.

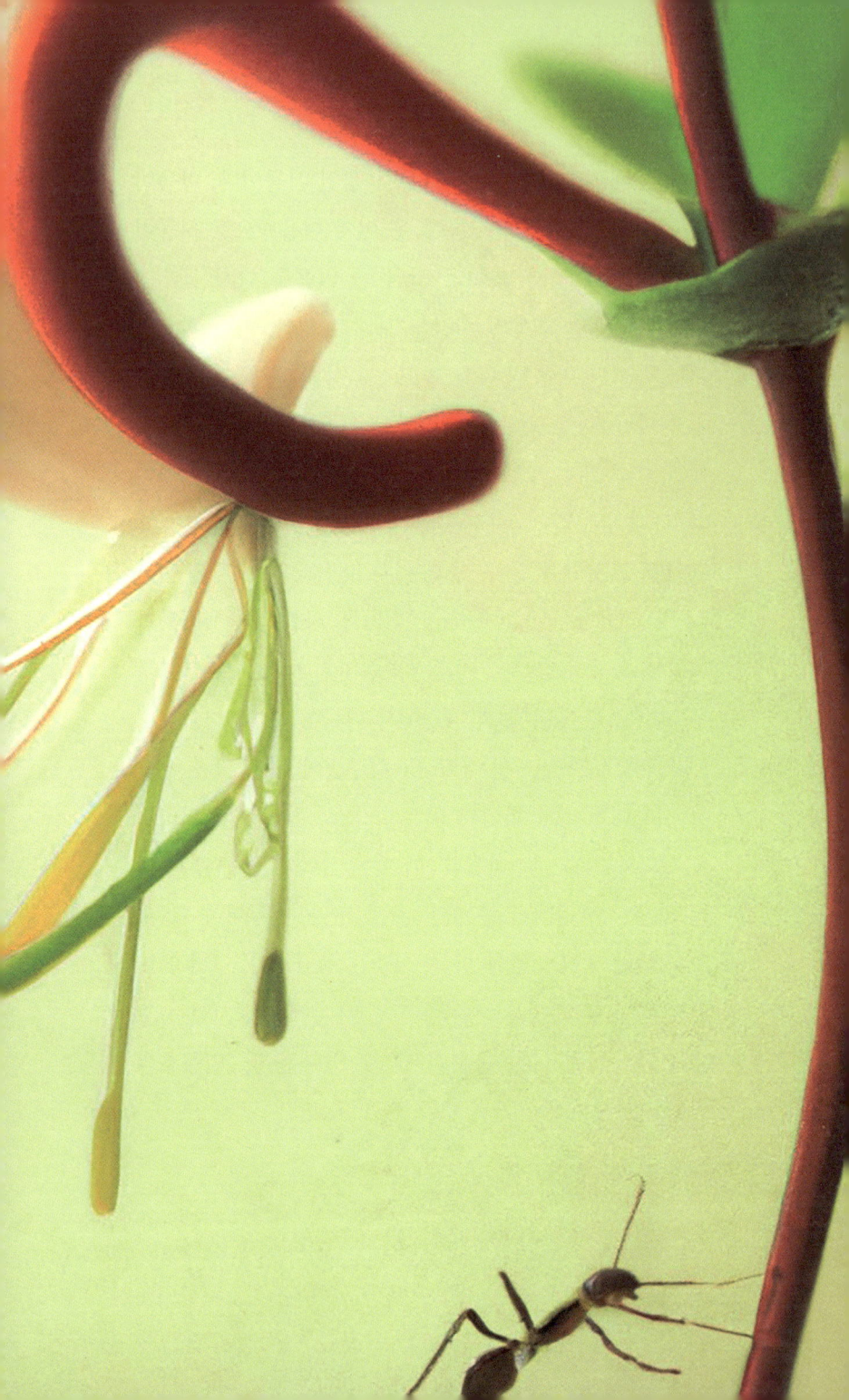

겨울

옥상 정원 난간 쪽에는 화분에 심은 인동초가 펜스에 줄기를 감고 있다. 그런데 며칠 전 올라가 보니 유독 이 화분에만 누런 물이 가득 고여 꽁꽁 얼어붙어 있는 것이 아닌가. 자세히 보니 누군가 오줌을 눈 것이었다. 그동안 화분에 심은 것이라 행여 말라 죽거나 병충해가 있을지 몰라 물 주고 약도 치면서 애지중지 키웠는데 말이다. 추적 끝에 오줌을 눈 사람이 누군지 확인해 보니, 아래층의 이재영 씨였다.

재영 씨는 한 달 전에 입소하였고 추운 날씨에도 옥상 정원 벤치에서 영어 단어를 외우는 중년의 만학도이다. 그는 망상과 환청에 시달리고 있었고 사람들과의 관계에서도 위축된 반면에 때로는 엉뚱했다. 옥상에서 단어 공부를 하다가 화장실로 내려가기 귀찮아서 화초에 소변을 보았다고 한다. 어쨌든 앞으로는 화분에 소변을 보지 않을 것이다. 요 며칠 옥상 노상 방뇨의 추적을 통해 본인도 적잖이 긴장을 했을 것이니.

조현병을 앓고 있는 분들은 어떤 상황에서 독특한 판단을 할 때가 있다. 그가 가지고 있는 정신적 고통과 증상 때문에 상황 판단에 대한 섬세함과 현실감이 무뎌지는 이유이다. 그리고 오랜 병원 생활과 사회적 관계의 단절로 인한 서툰 사회 기술 때문이기도 할 것이다. 또한 그가 경험한 고난의 트라우마 때문에 남들은 지나치는 특정한 것에 과민 반응을 하기도 한다. 이러한 이상 행동의 원인을 이해하면 그 행동에 대하여 조금은 여유롭게 받아들일 수 있다. 그런데 이들을 이해하지 못하여 '이상한 사람'으로 치부하면 '거부감'이 생겨나고 '혐오감'까지 발동한다. 거부와 혐오는 더 큰 올가미로 이들을 조일 수밖에 없다. 하지만 이들을 제대로 이해해 보려는 관심과 이들을 향한 시선의 여유, 그것이 관계와 접촉의 공간으로 이들을 초대할 수 있는 것이다. 사회에서 함께 살지 못해서 생긴 장애는 함께 어울림을 통해서만 극복될 수 있을 것이니.

또다시 봄

　미선 씨는 한 달 전 우리마을로 입소하였다. 그녀는 남편과 이혼하고 아이를 혼자서 키웠는데, 수개월 전 중학생 아들이 사고를 치고 많이 다쳐서 병원에 누워 있다. 그리고 미선 씨와 동거하던 남자 친구는 수천만 원의 도박 빚을 미선 씨에게 떠안기고 잠적했다. 미선 씨는 입소하면서부터 계속 불안한 모습을 보이고 같은 방의 동료들과 잦은 마찰을 빚고 있다. 며칠 전에는 동료의 머리채를 붙잡고 싸움을 벌여 면담을 하였다. 미선 씨가 말하는 동료들과 싸웠던 이유는, 그날 거실 TV에서 청소년 범죄 보도를 보면서 몇 마디 중얼거렸더니만 그 모습을 본 동료들이 자신을 험담했다는 것이었다. 미선 씨는 뉴스를 보는 중에 아들이 병원에서 신음하는 소리와 남자 친구가 술 먹고 욕하는 소리를 들었고 그래서 자신도 모르게 소리를 냈다고 한다. 미선 씨의 불안은 환청을 만들고 그

환청은 혼자서 중얼거림으로 다른 사람을 불편하게 만들었던 것이다. 미선 씨의 지나온 시간과 현재의 상황을 보면 분명 불안에 시달릴 만하였고, 그로 인하여 빚어진 불편을 동료들과 선생님은 이해하고 기다려 주기로 하였다.

다음 날은 봄을 맞아 모두들 근처 화훼농장으로 쇼핑을 가서 화분을 하나씩 사 왔다. 미선 씨는 클라키아 꽃 화분을 골라 왔다. 붉게 피어오른 클라키아 화분이 옥상 정원으로 올라오니 노랗게 핀 산수유꽃이 반갑다는 듯 흔들리고 있었다. 그리고 저쪽에는 지난겨울 퇴소한 재영 씨가 오줌을 누었던 인동초가 새순을 삐죽삐죽 내뱉고 있었다. 이쪽에도 마른 풀 더미 사이로 튤립, 히아신스, 프리지어가 파란 새순을 본격적으로 내밀고 있는 게 아닌가. 그들은 딱딱한 땅속에서, 둔탁하게 말라붙은 껍질을 뚫고 마침내 터져 나왔다. 봄의 새순이라는 게 낯선 세상을 조심스레 더듬으며 부끄러운 듯 내미는 것은 아닐 듯싶다. 오래도록 꽁꽁 얼어붙었다가 봄볕에 녹아내린 삶의 충동을 더는 참을 수 없어 솟구치듯 나오는 것임이 분명하다. 그러니 저렇게 터지듯 삐져나오는 게 아니겠는가.

오후에는 옥상 정원에 촉촉한 단비가 내렸다. 미선 씨 마음에 꼭꼭 웅크리고 있던 삶의 충동이 이내 밀려 나와 봄이 주는 축복에 흠뻑 젖게 되길 바란다.

5부

―

승화와 통합

불안족과 우울족은 돌밭과 채석장에 널부러진 크고 작은 돌들을 캐고 다듬어서 성을 쌓는 일을 한다. 그러나 곳곳에 널린 비합리석과 무의미석은 삐죽삐죽 혹은 둥글둥글하여 서로 아귀가 맞지 않는다. 그래서 비합리석은 합리석으로 귀퉁이를 쳐서 다듬어야 하고, 무의미석은 모든 면을 새로 깎아 내어 의미석으로 만들어야 한다. 성을 쌓는 일은 개미들에게 고통을 주고 많은 에너지를 요한다. 다행히 승화와 통합에서 채취하는 꿀은 아픈 개미들의 치료 약이 되고, 가을에 영그는 열매는 개미들의 에너지를 공급하는 식량이 된다.

나태주 시인은 '지식'은 주로 과거나 현재에 관한 것이 많고, 눈에 보이는 것, 실증 가능한 것들이 많다고 하였다. 반면에 '지혜'는 미래에 관한 것이고, 눈에 보이지 않는 것, 실증이 불가능한 것들이 많다고 하였다. 에고는 지식을 승화(Sublimation)하여 합리석으로, 지혜를 승화하여 의미석으로 쌓아 간다. 성이 높게 쌓이면 에고는 마침내 통합(Integrity)을 이룰 것이다. 비로소 개미들의 성이 완성되는 것이다.

행복에 대하여

나이를 먹어 가면서 '왜 사나?'라는 질문을 자신에게 문득 하곤 한다. '왜'라는 질문에는 원인과 목적에 대한 질문이 함께 들어 있음을 깨닫는다. 그리고 그리 길지 않은 생각의 끝에서 그리 어렵지 않게 답을 얻는다. 인생의 원인에 대한 답은 '낳아 주셨으니 살고 있지'가 되고, 그 목적에 대한 답은 '행복하려고 살지'이다. 글쎄 대개는 그럴 것이다. 실존주의 철학자가 실존이 본질에 우선한다고 먼저 답하였던 것처럼, 내가 어디서부터 어떤 이유로 태어나 살게 되었는지에 대해서는, 이미 나도 모르게 태어나 살고 있는 입장에서 답하기 어렵다. 이미 태어났으니 앞으로 어떻게, 어디로 가야 할 것인지가 더 중요하고 실제적인 질문이라 할 것이다. 그렇다면 인생의 궁극적인 지향점, 행복이라는 것은 과연 무엇일까?

행복은 고대 그리스의 철학적 탐구 주제에서 시작되어 최근 긍정심리학 연구 주제로까지 이어진다. 에피쿠로스의 쾌락주의 철학에서는 삶의 주요 목표가 행복과 즐거움의 추구라고 본다. 한편, 아리스토텔레스의 자기실현적 철학의 입장에서는 행복을 자기실현을 위해 노력하는 과정에서 나오는 것이라고 본다. 즉 스스로의 삶이 행복하거나 만족스러운지를 묻는 것은 쾌락주의적 입장이고, 왜 행복한지 행복의 확장된 원인과 의미까지를 묻는다면 그것은 자기실현적 입장이 되는 것이다. 아무튼 행복이라는 것은 철학적으로 혹은 학술적으로 이 두 가지 입장이 교차하면서 정의 내려질 수밖에 없는데, 중요한 것은 행복에 대한 보다 세부적인 정의는 사람들 개개인마다 지극히 '주관적'이라는 것이다.

사람 개개인이 가지고 있는 현재의 특성은 그가 지금까지 행복에 대하여 어떻게 정의하고 있느냐에서 나타나는 것 같다. 그래서 처음 만나는 클라이언트에게 과거에 어떤 부모에게서 태어나 어떻게 살아왔느냐를 기본적으로 물어본다. 그래야 클라이언트의 미충족된 욕구를 파악하고 그가 인식해 온 행복의 실체를 추적할 수 있을 것이기 때문이다. 프로이드식의 원인론적 상담이 그렇다. 한편으로 과거보다는 현재의 시점에서 클라이언트가 삶의 목적과 지향점을 어디에 두고 있는지에 대하여 이야기하는 것도 필요하다. 내비게이션처럼 각자가 맞춰 놓은 인생의 목적지는 그 사람이 꿈꾸는 행복일 테니까, 그 목적지에 대하여 심층적으로 다루는 것도 중요하다. 아들러식 목적론적 상담이 그것이다.

정신병원과 정신요양원에서 청춘을 보낸 중년 남자가 사회에 나와서 비로소 말하는 행복은 '자유'였다. 최근에 만난 초발 정신증을 앓고 있던 청년은 취업에 대한 소망을 이야기했다. 그 청년에게 행복은 '일'이었던 것이다. 너무나 당연한 것, 하지만 상당히 주관적인 행복, 그렇다면 우리 각자는 행복에 대한 정의를 어떻게 내리고 살아가는 것일까?

행복의 조건

 행복한 사람은 왜 행복한 것일까? 반면에 불행하다면 그 이유는 무엇일까? 강남에 살면서 좋은 차를 끌고 좋은 직장에 다니는 것으로 행복할 것이라 생각한다면, 그것은 행복의 조건을 외형적으로 따지는 것이다. 그러나 내면적인 조건, 즉 자신을 사랑하고 자기 삶을 스스로 통제할 수 있다고 믿는 것이 더 중요한 행복의 요인이라는 사실은 이미 많은 연구에서 밝혀졌다.

 베일런트라는 학자는 자신의 평생을 바쳐서 72년간 268명의 삶을 추적하는 연구를 진행했다. 그리고 마침내 노년기에 맞는 행복의 조건을 일곱 가지로 밝혔다. 우선 가장 중요한 행복의 조건은 성숙한 방어기제라고 한다. 연구자가 정신과 의사라서 방어기제라는 용어를 썼는데 방어기제는 자아가 불안을 처리하고 마음의 평정을 회복하기 위해 사용하는 것이다. 즉 다양한 관계에서 발생하는 불안에 대하여 대처하기 위해 사용하는 자기만의 행동 방식이 보다 성숙할수록 행복한 삶을 살게 된다는 것이다. 성숙한 방어기제의 예는 승화, 유머, 이타주의 같은 것이 있다. 다음으로 중요한 행복의 조건은 교육이다. 나이가 들면서도 새로운 것에 대한 배움을 지속하는 사람이 행복하다. 배움은 세상에 대한 두려움을 줄여 주는 대신 세상에 대한 통제력을 높여 준다. 다음으로, 안정된 결혼 생활이 행복의 조건으로 밝혀졌다. 이것은 주변 사람들과의 관계를 의미한다. 오래도록 사랑하는 사람의 곁에서 관계를 유지하면서 사는 것이 행복한 이유이다. 그리고 금연하고 금주하는 것이다. 나이가 들면서 담배와 술은 점차로 그 사람의 행복을 갉아먹는 독이 된다. 반면에 운동을 꾸준히 하는 것이 행복의 중요한 조건으로 확인되었다. 마지막 일곱 번째는 알맞은 체중이다. 몸이 커지면서 행복의 크기는 그만큼 줄어드는 것임을 깨닫게 하는 연구 결과이다.

나이가 들면서 정말로 행복을 원한다면 이러한 조건을 내 것으로 만드는 것이 필요하다. 돈과 권력처럼 저만치서 빛나 보이는 조건들도 물론 필요하다. 하지만 이런 눈에 보이는 조건들은 행복을 위한 조건이라기보다 불행을

막기 위한 조건이라고 보는 것이 더 타당할 것 같다. 반면에 진정한 행복의 조건들은 아주 가까운 곳, 생활에 녹아 있어서 눈에 금방 보이지 않는다.

행복의 실현

 행복을 무엇이라고 생각하는지는 사람마다 다르다. 그렇기에 그들마다 행복한 이유도 다양할 수밖에 없다. 그렇다면 행복은 어떤 형태로 사람들에게 실현될까? 미국 긍정심리학회 초대 회장이었던 셀리그만은 인간의 행복을 분류하는 도전적인 연구를 진행하였다. 그리고 행복의 다섯 가지 유형론을 발표하였다. 즉, 행복은 즐거움, 몰입, 관계, 성취 그리고 의미의 모습으로 실현된다는 것이다.
 우선, 행복은 즐거움이다. 즐거움과 같은 긍정적인 정서를 느끼는 시간이 많다면 분명 행복한 것이다. 만일 부모가 유쾌하다면 그 자녀도 유쾌할 가능성이 높다. 그래서 즐거움을 추구하는 성향과 기술은 유전성이 있다고 본다. 그러나 순간의 즐거움에 열중하면 금세 권태에 빠지게 되고, 심한 경우는 중독될 수 있음을 경계해야 한다. 이처럼 즐거움의 행복을 느끼고 있다고 볼 수 있는 유명인을 찾아보자면, 나는 가수 조영남 씨를 떠올린다. 그는 노래, 그림, 관계에서 즐거움을 표현하고 즐길 줄 아는 연예인이라 생각한다.

행복은 몰입이다. 일, 사랑, 놀이, 예술과 같은 자신이 좋아하고 잘하는 것에 몰두하는 것이 몰입이다. 그리하여 그 순간 자신이 무엇을 느끼는지조차 인식하지 못하고 흘러가는 시간. 하루 일과 중 몰두할 무언가를 가지고 있다면 분명 행복한 사람이다. 그래서 25년간 정신건강사회복지 일을 해 온 나 자신을 몰입의 행복을 느끼는 사람으로 지목할 수 있을 것 같다.

행복은 관계이다. 인생의 많은 일은 관계 속에서 생겨나고 관계 속에서 풀어 가야 하는 것이다. 매우 행복한 사람들, 반면에 매우 불행한 사람들 그 두 부류의 차이는 '관계성' 하나뿐이라는 연구도 나왔다. 결국 매우 행복한 사람들은 매우 사교적인 사람들임이 밝혀진 것이다. 개그맨인데 요즘은 라디오 DJ로 활동하고 있는 윤정수는 연예계의 마당발로 알려져 있고, 초등학교 동창인 나도 그의 폭넓은 인간관계와 사교성을 익히 경험하였다.

행복은 성취이다. 좋은 학교를 나와서, 멋있는 배우자를 만나고, 좋은 직장을 다니고, 남들이 우러러보는 업적을 남기는 것은 승자의 삶이다. 그러나 관계와 의미가 빠져 있는 성취는 공허한 성취로 남겨질 우려가 있다. 성취의 행복을 느끼는 사람으로 이명박 전 대통령을 꼽을 수 있겠다. 그는 현대건설의 평사원에서부터 사장이 되었고 대통령이 되기까지 많은 성취를 이룬 인물이다.

끝으로 행복은 의미이다. 자신이 가진 강점을 타인을 위하여 기꺼이 활용하는 것, 그것은 가장 숭엄한 행복이다. 나이를 먹어 가면서 찾아낸 인생의 의미를 잘 보듬어 자녀들과 후배들에게 전수하고 있는 사람은 분명 행복한 사람이다. 이런 숭엄한 행복을 느꼈던 분은 김수환 추기경 같은 분이 아니었을까.

다섯 가지 행복 중에서 각자 어떤 행복을 경험하고 있는가? 이들 중에서 2개 혹은 3개의 행복을 가지고 있다고 말할 수 있다면, 분명히 행복한 사람일 것이다. 만일 그렇지 않다면… 바로 지금부터 '행복을 위한 노력'을 해야 한다. 노력한 만큼 행복해진다. 행복은 이유 없는 삶의 방향이니까 그 방향에 노력을 가속한다면 더 가까이 다가갈 수 있을 것이다.

심리학자 최인철 교수는 한국인은 무엇을 할 때 행복한 것인지 연구를 했다. 피실험자에게 시시때때로 전화해서 지금 무엇을 하고 있는지 그리고 그 순간이 얼마나 즐겁고, 얼마나 의미 있는지 점수를 매기도록 했다. 즐거운 것은 에피쿠로스의 행복이고 의미 있는 것은 아리스토텔레스의 행복이니, 가장 즐겁고 가장 의미 있는 활동을 하는 그 순간이 곧 가장 행복한 순간인 것이다. 결론은, 한국인은 여행을 할 때 가장 행복하다는 것이다. 그리고 데이트할 때, 운동하고 산책할 때가 그다음으로 즐겁고 의미 있는 순간이라고 응답하였다. 행복을 위한 노력, 어렵지 않다. 자신이 이런 즐겁고 의미 있는 시간을 많이 보낼 수 있도록 허용하는 것이 행복을 위한 노력이다. 반면에, 즐겁지도 의미 있지도 않은 순간은 SNS 할 때, 컴퓨터할 때, 출퇴근할 때, 직장 상사와 회식할 때 등으로 조사되었다. 나는 우리 선생님들과 회식할 때 즐거움과 의미를 느꼈었는데…. 이 사실을 알고 나서는 직원이 행복하지 않은, 나만의 행복인 회식은 차마 포기하기로 했다. 대신에 여행하고 운동하는 순도 높은 행복의 순간을 선택하기로 했다. 그래, 그러길 참 잘했다.

소망의 언덕

 우리는 2020년 봄부터 코로나19를 만나게 되었고 불안과 두려움이 엉킨 한 해를 보냈다. 그리고 2021년에는 백신으로 그것을 극복할 수 있으리라는 소망을 품었고, 저 멀리 보이는 언덕을 향하는 길을 놓치지 않으려고 애썼다. 변종 바이러스와 대유행의 수풀을 만나서는 사회적 거리 두기로 헤쳐 나왔다. 2022년의 깊은 계곡에 들어가면서부터 어쩌면 오래도록 이렇게 코로나와 살아야 할 것 같다는 체념과 무기력이 곳곳에 스며들었고, 우리의 애절한 소망이 영영 계곡에 묻혀 버리는 듯하였다. TV 드라마 재방송에서 보이는 마스크 없는 예전의 일상은 이미 아련한 추억이 되어 버린 듯하였다. 하지만 2023년 어느덧 우리는 소망의 언덕으로 향하는 오르막에 접어들고 있다. 그리고 가쁜 숨 돌릴 겨를도 없이 눈앞에 펼쳐진 풍경은 저 멀리 첩첩이 이어진 봉우리와 골짜기들. 하지만 그래도 우리는 언덕 위 바위에 앉아서 숨을 돌리고 땀을 식히고 있다. 언덕 위에서 지나온 수풀과 계곡을 굽어보고 또 저 멀리 이어진 봉우리들을 가늠해 보면서 잠시만의 여유를 누리고 있는 것일지도 모르겠다.

 지나온 역경을 돌아보고 앞으로 다가올 미지의 세계를 가늠하면서 소망 그리고 희망이라는 것을 생각해 본다. 나는 자살 위기의 클라이언트를 만나면서 소망과 희망의 차이를 구분해 보았다. 자살을 생각하는 사람은 살아야 하는 이유를 잃어버린 상태였다. 그래서 살아야 하는 이유를 찾아내는 것이 절실하였다. 살아야 하는 이유가 곧 '희망'이다. 그것이 없는 그들은 매 순간순간이 고통이라고 하였다. 그런데 그 희망은 먼 곳에 있지 않았다. 각자의 소소한 일상에 아롱져 맺혀 있는 것이었다. 희망이 한 방울 한 방울 삶 속에 맺히게 되면서부터 그들은 조금씩 생기를 찾아갔다. 한편, '소망'은 마음으로 염원하는 것이다. 그러나 소망은 희망만큼 절실하지 않은 것이라, 당장 이루어지지 않더라도 큰 고통은 발생하지 않는다. 우리는 곧 크리스마스와 새해를 맞아 서로의 소망을 나누게 될 것이다. 올해도 그렇게 할 것이다. 그러나 그 소망이 행여 당장은 이루어지지 않더라도 너무 낙담하지 말자.

지금 우리는 소망의 언덕을 지나서 고난의 계곡으로 다시 들어가고 있는지도 모른다. 하지만 순간순간을 버티게 할 수 있는 희망까지 놓아서는 안 된다. 아무리 험하고 깊은 계곡이라 해도 어김없이 햇살 한 줄기 손을 내밀고 있으니 그 손을 부여잡고 계속 걸어야 한다.

희망을 보았는가

 삶이 힘든 누군가에게 '희망을 갖고 살라'라는 말을 건네곤 하였다. 그러나 실제로 희망이 결핍된 사람의 입장에서 그런 말로 희망을 가질 수 있을까? 희망은 오늘 하루를 살게 하는 이유이고 그것이 없다면 당장 모든 순간이 빈껍데기로 남겨질 것이다. 그 비워진 순간들은 마지못해 버텨 내야만 하는 고통으로 채워지고 있음을 그들은 호소한다. 더구나 고통이 견디기 버거울 정도로 커졌다면, 주위 사람에게 힘들다는 말조차 하지 못하는 경우도 많았다.
 희망의 결핍에 오래도록 처해 있는 사람들은 앞으로 자신에게 결코 다시 일할 기회가 주어지지 않을 것이며, 자신을 좋아하는 연인도 없을 것이며, 그러니 행복 같은 것은 도무지 자신과 관련 없는 것으로 간주하는 경우가 많다. 희망을 보지 않으려 한다. 그러니 믿고 꿈꿀 수 없고 실제 찾을 수도 없는 게 아닐까.

세상으로부터 상처받고 나락으로 떨어졌던 사람들이 회복의 과정에 들어서면서 한결같이 다시 찾으려 하는 것, 그것은 '일'이었다. 예전처럼, 남들과 같이 일을 할 수 있게 된다는 것, 그것이 그들이 부여잡고 있는 희망이다. 직장을 다니고 돈을 벌게 되면, 다음은 연애를 하고 싶고 그리고 결혼도 하고 싶어질 것이다. 그래야 자녀도 낳을 수 있다. 이 모든 것이 그들이 간절히 꿈꾸는 소망이다. 어쩌면 누구나에게 일상이었던 이것이 때로는 누군가에게 간절한 소망이 되기도 한다.

스포츠 신문이나 잡지에 실린 '숨은그림찾기'를 해 보았는가? 해 보았다면 적어도 어느 정도는 연배가 있는 분일 터이다. 어쨌든 숨겨진 그림을 찾으려면, 어떤 그림이 숨겨져 있는지 아래쪽에 뒤집힌(혹은 다음 장에 쓰인) 정답을 먼저 보고 난 뒤에 본격적으로 펜을 들어 찾기에 돌입하는 것이 순서이다. 만일 정답을 보지 않고 그냥 찾는다면 그림을 찾아내는 데 더 많은 시간이 걸린다. 꽁꽁 숨은 마지막 몇 개의 그림은 아예 찾아내지 못할 수도 있다. 그렇듯 정답을 먼저 본다는 것은 거기에 실제로 해당 그림이 숨겨져 있음을 믿는다는 것이다. 찾는 것의 존재를 믿어야 마음속에서 형상화할 수 있고, 그렇게 가능한 형상을 떠올리면서 그림 속을 뒤져야 비로소 내 두 눈이 숨겨진 그림을 찾아낼 수 있는 것이다.

우리는 험난한 세상에서 희망의 숨은 그림을 찾고 있다. 앞으로 나의 직장, 내가 사랑하게 될 존재의 이름은 이미 저 아래 정답으로 그 누군가 새겨 놓았다. 우선은 그것을 보아야 한다. 그리고 희망 그림이 자기를 찾아 주기만을 기다리고 있음을 믿어야 한다. 다만, 세상이 좀 넓고 복잡해서, 혹은 노력이 부족하여, 아직은 내가 미처 찾아내지 못하고 있는 것이다. 존재하지 않아서 못 찾는 일은 결코 없다, 다만 아직 찾지 못했을 뿐.

우리마을에 입소했던 박홍철 씨는 자신의 청춘을 정신요양원과 정신병원에서 보냈다면서 지나간 시간에 대한 회한을 말하였다. 그러나 그는 자립 훈련에 열심히 참여하였고 틈틈이 사회복지사 공부도 하였다. 특히, 힘든 동료들에 대한 애정을 보이면서 본인처럼 오랜 세월을 허비하지 않도록 조언을 아끼지 않았다. 그때는 코로나가 시작되기 전이었으니, 식구들 모두 제부도 바닷가로 1박 2일 여름캠프를 떠날 수 있었다. 홍철 씨는 나와 한 조가 되어서 같은 글램핑 숙소에서 자게 되었다. 홍철 씨는 숙소를 둘러보더니만, 자신은 평생 바다로 여행을 처음 왔다면서 들뜬 소감을 얘기하였다. 그리고 조용히 내게 "이 글램핑이라는 숙소를 하루 빌리려면 돈이 얼마인가요?"라고 물었다. 그래서 가격을 얼마라고 말해 주니 그는 "아 그 돈이면 여기서 하루를 보낼 수 있군요. 참 좋네요. 텔레비전, 냉장고, 에어컨 없는 게 없어요."라며 숙소를 둘러보았다. 그리고 다음 날, 아침을 먹고 나서 홍철 씨가 어제 물어본 것을 다시 물었다. "이거 하루에 얼마라고 했죠, 선생님?" 그래서 내가 다시 대답해 주었고, 같은 걸 또 물어보는 이유를 되물었다. 그가 "바다에 여행을 오니 너무 좋은데, 시골에 있는 어머니가 자꾸 생각나네요. 그래서 다음에 꼭 어머니를 모시고 다시 오고 싶어요."라고 말씀을 하는 거였다. 한 달 후에 홍철 씨는 자립 훈련을 잘 마치고 인근 공동생활가정으로 입소를 하였다. 그리고 그곳에서 취업도 하고, 사회복지사 자격증도 땄다. 지금은 혼자 나와 자취를 하면서 직장도 다니고, 주말에는 우리마을로 와서 자원봉사 활동을 하신다. 먼저 거쳐 간 선배로서 후배들을 위한 동료지원가 역할을 하는 것이다. 그렇다, 그는 제부도에서 희망을 보았다. 돈을 벌어서 어머니와의 바다 여행, 그 모습을 마음속에 그렸던 것이다.

단점에 가려진 장점

"단점은 절대 보완되지 않아. 단점을 보완시키려면 장점을 키워야 해." 영화 〈야구소녀〉에서 주인공 수인에게 코치가 조언한 말이다. 결국 수인은 여자의 신체 조건으로 더는 어려운 강속구 대신에 자신의 장점인 제구력을 활용한 너클 볼을 연마하게 된다. 그리고 드디어 남자들만의 프로 야구단에 입단하게 된다. 이 영화는 실제 우리나라 1호 여자 야구 선수를 모티브로 만들어졌다.

원래 동물은 상대방의 장점보다 단점을 빨리 파악하도록 진화해 왔다. 그래야 상대의 단점을 빨리 제압하고 생존을 도모할 수 있었기 때문이리라. 그래서인지 사람들은 상대의 장점보다는 단점을 더 빨리 보게 되고 그것을 지적하는 데 익숙하다. 그리고 한편으로 상대에게 노출된 단점을 개선하고 보완하는 데 많은 시간을 보낸다. 그러나 그 결과는 그리 좋지 않다. 더구나 단점에 저항하는 삶은 힘들고 험난하기 그지없다. 단점을 지적하고 보완하려는 것은 양육강식의 본능적 생존 경쟁 방식이다. 반면에 장점을 지지하고 그것을 키우는 것은 상호연대와 공존의 방식이다. 그렇게 장점들의 공존이 지속되려면, 생존 경쟁의 본능을 넘어서기 위한 의도적인 교육과 훈련이 필요하다. 그리하여 나를 포함한 타인의 장점을 찾고 존중할 수 있는 성숙함이 겸비되어야 가능한 일이다.

정신장애 당사자들은 삶의 결핍과 상처로 인하여 경쟁력을 발휘하기 힘든 단점들을 가지고 있다. 이들 각자에게 내면화된 단점들은 부정적 사고의 패턴과 예민성, 불안, 우울, 환청 그리고 망상의 현상화로 드러난다. 그래서 그들은 평소에 위축된 모습으로 자기 얘기를 꺼내는 것에 소극적이다. 그래서 한 달에 한 번 그들과 직원들까지 모두 모이는 마을 회의 시간은 '칭찬하기'로 시작된다. 그 달의 칭찬받기 주인공을 선정하여 그가 가진 장점을 돌아가면서 하나씩 얘기해 주는 것이다. 정신장애라는 단점에 노출된 그들일지라도 조금만 애정을 갖고 들여다보면 그가 가진 장점은 그리 어렵지 않게 발견된다. 그렇게 수십 개의 칭찬을 찾아서 나누면 어느새 존중과 참여의 분위기가 무르익는다. 그리고 이어지는 안건 회의 시간에 본격적으로 서로의 진솔한 의견들을 나눌 수 있게 된다. 장점이 없는 사람은 없다. 아니 대체로 장점을 많이 가지고 있다. 다만 가려져 있을 뿐이다.

  나의 장점은 진지함과 끈기 있음이다. 16년 전 처음 대학 강의를 나갈 때 한 선배로부터 요즘은 강의를 재미있게 해야 한다는 조언을 들었다. 그래서 나는 유머라는 장점이 도무지 없는데도 불구하고 어설프게 학생들을 웃겨 보려 노력하다가 첫 학기 강의를 망쳐 버렸다. 내가 잘하지 못하는 것을 해 보려다 강사와 학생 모두가 힘들었다. 그 후로 나의 강의는 재미있지는 않지만 정신건강사회복지 실천 현장에 대한 진지한 이야기들로 채워졌다. 나는 학생들에게 내가 찾은 의미를 전파하는 것에 기쁨과 감사를 느낀다. 자신의 장점을 활용하고 그것을 타인에게 실천하면서 맞이하게 되는 행복, 바로 아리스토텔레스가 정의했던 '자기실현적 행복'이다.

인생의 선물

김철호 씨는 왜곡된 사고와 감정 변화를 통제하기 힘든 어려움을 가진 분이었다. 그래서 그는 사회 적응을 위한 주간 프로그램에 참가하고 있었다. 그런데 그가 타 동료에게 피해를 주는 문제를 반복적으로 일으키게 되었고, 결국엔 다른 동료의 보호를 위하여 그를 프로그램에 더 이상 못 나오도록 하는 결단을 기관에서 내리게 되었다. 그러한 결정을 통보하던 나에게 그는 불같은 분노를 터뜨렸다. 다시는 이런 데 오지 않겠다는 욕설과 함께 의자를 박차고 기관을 나가 버린 것이다. 그날 이후 김철호 씨는 더 이상 프로그램에 참가하지 못했지만, 일과가 끝나는 매일 같은 시간이 되면 기관 밖 인근에 다시 나타나곤 하였다. 다시는 오지 않겠다더니 왜일까? 자신과 친했던 동료들이 귀가할 때를 기다려 어울리기 위함이었다.

그가 그날 내게 화를 냈던 이유는 담당 선생님이나 프로그램에 대한 미련이 아니었다. 자신과 통했던 동료들과의 관계 단절에 대한 분노였던 것이다.

실제로 마음 아픈 이들을 대상으로 진행된 연구에서, 이들의 행복을 설명하는 가장 의미 있는 것 중 하나는 동료 간의 긍정적 관계라는 것이 밝혀졌다. 반면에 자신을 도와주는 상담가나 치료자와의 관계는 이들의 행복에 의미 있는 영향을 미치지 못하였다. 그들과 함께 입원해서 지내고 있는 동료 환우, 프로그램에 함께 참여하는 동료들과의 관계가 이들을 행복하게 한다는 것이다. 최근에 '동료지원가' 혹은 '동료상담가'의 역할이 마음 회복의 과정에서 중요하게 다루어지고 있는 것은 그런 이유이다. 기존의 전문가들이 결코 해 줄 수 없는, 동일 입장에서의 공감과 위안을 마음 아픈 당사자에게 제공할 수 있는 사람은 다름 아닌 동료이다.

우리는 인생이라는 자동차를 운전하고 있다. 오래전 친구와 같은 출발점에서 그 여정을 시작하였다. 그동안 각자의 내비게이션에는 서로 다른 목적지가 입력되어 있었지만, 멀고도 험한 여정 중간중간에 휴게소를 들러야만 하였다. 그곳에서 의미라는 연료와 즐거움이라는 휴식을 제공받아야 하기 때문이다. 누군가는 인생의 최종 목적지로 행복을 입력하고 앞으로만 달리고 있을지 모르지만, 정작 행복이라는 것은 잠깐씩 들르는 휴게소에서 언제든 충전받을 수 있는 것이었던가 보다. 가수 양희은이 노래했듯이 나란히 앉아서 아무 말 하지 않고 내 마음을 알아주는 '인생의 선물'이 기다리고 있는 그곳에서 말이다. 아직 목적지는 한참 남았지만 여기까지 달려와 보니 그렇다. 운전하다가 졸리면 졸음 휴게소로 들어가야 하고, 마음이 힘들면 마음 휴게소로 들어가야 한다. 그곳에는 인생의 선물이 한결같이 기다리고 있으니까.

봄이면 산에 들에 피는 꽃들이 그리도 고운 줄
나이가 들기 전엔 정말로 정말로 몰랐네

내 인생의 꽃이 다 피고 또 지고 난 그 후에야
비로소 내 마음에 꽃 하나 들어와 피어 있었네

나란히 앉아서 아무 말 하지 않고 고개 끄덕이며
내 마음을 알아주는 친구 하나 하나 있다면

나란히 앉아서 아무 말 하지 않고
지는 해 함께 바라봐 줄 친구만 있다면
더 이상 다른 건 바랄 게 없어

그것이 인생이란 비밀
그것이 인생이 준 고마운 선물

〈인생의 선물〉
작사·양희은, 작곡·사다마사시, 편곡·김정렬

닫는 이야기

  오늘도 해는 뉘엿뉘엿 서쪽 성벽에 걸려 있고 일하던 개미들도 하나둘 각자의 마을로 돌아갔다. 부족장들은 오늘 밤 달이 구름에 가려서 일찍 잠자리에 들어야 할 테지만, 잠을 이루지 못하고 시름에 겹다. 오늘 아침 에고가 완성을 앞둔 책에 대한 이야기를 하면서, 부족장들의 글을 에필로그로 싣고 싶다는 요청을 했기 때문이다. 그래서 부족장들은 작심하고 그동안 에고 성주에게 미처 못한 말들을 써 보기로 한다.

  성주님, 벌의 공격을 우려하여 성을 계속 더 높게 쌓으라고 독려하셨지만 높게 쌓는 것만이 대책이 아니었습니다. 성의 남동쪽은 벌써 성벽이 높아질 만큼 높아졌지만, 예상치 못하게도 이곳이 아침부터 점심 무렵까지 성벽에 해가 가려져 승화와 통합이 꽃을 피우지 못하고 있습니다. 성벽을 더 높게 쌓다가는 앞으로 동서남북 모든 방향에서 더 큰 음지가 발생될 것이니 귀중한 승화와 통합의 수확에 큰 차질이 생길 것입니다. 이제는 성을 쌓을 돌도 성안에 얼마 남지 않아서 성 밖에서 날라 와야 할 상황입니다. 또한 가을 들어서 부족별로 일에 대한 압박이 너무 심하여 우울족과 불안족은 극심한 피로에 시달리고 있습니다. 이 때문에 애벌레의 부화율도 떨어져서 부족원의 수가 날로 줄어들고 있으니 이 또한 심각한 일이지 않을 수 없습니다. 멀리 있는 스트레스족과 트라우마족을 대비하는 것도 필요하지만, 가까이 있는 부족원들의 고충을 성주님께서 살펴 주시길 간청합니다.

행복성의 안위를 소망하는 통제감 드림

성주님이 성 밖의 교류를 강조한 덕에 희망족과 기쁨족은 소통문 밖에서 다양한 먹을거리와 물자들을 들여오고 있습니다. 그런데 지난번에 기쁨족이 구해 온 식량에서 알지 못할 곰팡이가 딸려 들어와, 여름 내내 쌓아 두었던 식량에 곰팡이가 번져서 전부 다 성 밖으로 내다 버려야 했습니다. 더구나 이것을 먹었던 기쁨족 상당수가 배앓이로 희생되고 말았습니다. 성 밖과의 교류도 중요하지만 부족원들이 성안에서 동료들과 애벌레를 돌보며 안식을 가질 수 있도록 여유를 주시기 바랍니다.

          좋았던 시절을 그리는 자신감 드림

  이번에 나오는 책은 그동안 성주님이 기억하고 찾아낸 의미를 통제감과 함께 정리하여 책으로 묶었습니다. 아쉬운 것이 있더라도 넓은 마음으로 읽어 주시기 바랍니다. 그리고 이야기에 등장하는 여러 개미들에게 일일이 동의를 얻지 못하였음에 가명으로 명칭하였고 신상이 공개되지 않도록 이야기를 다듬었음도 깊은 마음으로 이해해 주시기 바랍니다.

          지나온 아쉬움에 용기를 내어 자책감 드림

소통문을 통해 성 밖에서 애써 주신 분들이 많습니다. 어렵고 도전적인 일에 매진하고 있는 우리마을 회원들과 선생님들, 책에 대한 피드백을 아끼지 않는 친구 배선철, 마음상담소 칼럼을 게재해 주신 《이투데이》 홍석동, 장대명 부장님 그리고 모든 것을 있도록 해 주신 유순자 여사님…. 깊이 감사드립니다.

성주님을 대신하여 만족감 드림

다음 날, 에고는 부족장들이 올린 에필로그를 읽으며 새벽을 맞는다. 아침 햇살이 의미수호에 닿으면 에고는 부족장들과 회의를 하면서 성 쌓는 일을 점검하고 성 밖의 동태를 확인하느라 바쁘다. 저 멀리 동쪽에는 고통봉이 태양이 지나간 자리를 쫓으려는 듯 오늘따라 선명하게 솟아오르고 있다.

인용했거나 영감을 받은 문헌

본서는 저자가 2021년 5월 7일부터 2022년 12월 22일까지 《이투데이》 신문에 칼럼 '마음상담소'로 게재하였던 글을 수정하거나 덧붙인 것입니다.

그리고 저자가 2020년에 집필한 《마음호수에 던진 회복의 물결》에 실린 '행복성의 개미'를 다시 고쳐서 Prologue와 Epilogue로 구성하였습니다.

각 장별로 인용했거나 영감을 받은 문헌을 정리하였고, 다른 장에서도 반복되는 문헌은 중복하지 않고 한 번만 열거하였습니다.

1부 기억의 창고
Michio Kaku, 2014, 《The Future of The Mind》, 박병철 역, 2015, 《마음의 미래》, 김영사.

2. 불안한 사람들
Yuval Noah Harari, 2011, 《SAPIENS》, 조현욱 역, 2015, 《사피엔스》, 김영사.

3. 우울한 사람들
Alloy, L. B.·Abramson, L. Y., 1979, 〈Judgment of contingency in depressed and nondepressed students: sadder but wiser?〉, 《Journal of Experimental Psychology》, 108.
F. Blanco·H. Matute·M. A. Vadillo, 2009, 〈Depressive realism: Wiser or quieter?〉, 《The Psychological Record》, 59.

4. 하루를 버티는 사람들

Deegan, P. E., 1988, 〈Recovery: The lived experience of rehabilitation〉, 《Psychosocial Rehabilitation Journal》, 11(4).

Deegan, P. E., 연도 미상, 〈A Letter to my friend who is giving up〉.

정혜신 역, 2018, 《당신이 옳다》, 해냄출판사.

6. 마음의 태양

Carl Sagan, 1980, 《COSMOS》, 홍승수 역, 2006, 《코스모스》, 사이언스북스.

Ann Druyan, 2020, 《COSMOS: Possible Worlds》, 김명남 역, 2020, 《코스모스: 가능한 세계들》 사이언스북스.

2부 고통봉

1. 마음 아픈 사람들의 권리

Judi Chamberlin, 1977, 《On Our Own: Patient-Controlled Alternatives to the Mental Health System》, 이지은 역, National Empowerment Center.

권석만, 2010, 〈행복과 정신건강〉, 행복한 사회와 정신건강 정책포럼 자료집.

황정우, 2011, 〈정신장애인의 행복감 영향요인 연구〉, 숭실대학교 박사학위 논문.

안병은, 2020, 《마음이 아파도 아프다고 말할 수 있는 세상》, 한길사.

설운영, 2021, 《나는 정신장애 아들을 둔 아버지입니다》, 센세이션.

정신건강복지혁신연대, 2022, 《사회가 가둔 병》, 스리체어스.

박종언, 2023, 《마음을 걷다: 고통에 대해서 어떻게 말할 것인가》, 파이돈.

중앙정신건강복지사업지원단, 2023, "정신건강에 대한 우리의 인식", 〈NMHC 정신건강동향〉, vol 32.

3. 죄와 병

기시미 이치로·고가 후미타케, 2013, 《미움받을 용기 1》, 전경아 역, 2014, 인플루엔셜.

기시미 이치로·고가 후미타케, 2016, 《미움받을 용기 2》, 전경아 역, 2016, 인플루엔셜.

조유진 기자, 2023, "정신장애인생존권연대 '사회구조적 문제 은폐하는 사법입원제도 검토 즉각 철회해야'", 《마인드포스트》, 8월 29일자 보도자료.

박종언 기자, 2023, "의료권력의 프로파간다 역할하는 사악한 언론… '언론은 정신질환에 대한 황색 저널리즘 행태 멈춰야'", 《마인드포스트》, 8월 29일자 보도자료.

류수현 기자, 2023, "분당 서현 백화점서 '묻지마 흉기 난동'…시민 13명 부상", 《연합뉴스》, 8월 3일자 보도자료.

4. 집보다 좋은 시설은 없다

황정우, 2014, 〈시설입소 정신장애인과 지역사회 정신장애인의 행복감에 영향을 미치는 요인에 대한 연구〉, 《한국케어매니지먼트 연구》, 13.

장혜영, '당신에게 장애인 친구가 없는 이유', 세바시 891회, 유튜브 영상.

5. 고통의 바다

다큐멘터리 'Noble Asks' 제작팀·장원재, 2021, 《오래된 질문》, 다산초당.

선묵혜자, 2013, 《살아있는 동안 꼭 읽어야 할 부처님 말씀 108가지》, 아침단청.

6. 저항에서 수용까지

Steven C. Hayes·Kirk D. Strosahl, 2004, 《A Practical Guide to Acceptance and Commitment Therapy》, 손정락·이금단 역, 2015, 《수용전념치료 실무 지침서》, 학지사.

3부 소통의 문

1. 마음 회복의 시작

권혜경, 2021, '당사자의 증상경험과 당사자의 역할', 우리마을 가족교육 자료.

권혜경, 2023, '사랑하는 사람이 정신질환에 걸렸을 때', 우리마을 가족교육 자료.

2. 산책을 해야 하는 이유

Kelly McGonigal, 2019, 《The Joy of Movement》, 박미경 역, 2020, 《움직임의 힘》, 안드로메디안.

구가야 아키라, 2016, 《최고의 휴식》, 홍성민 역, 2017, 알에이치코리아.

3. 외출을 해야 하는 이유

황정우·이강욱·김정유·이동하·김두명, 2017, 〈동거 및 독거노인의 우울이 자살사고에 미치는 영향과 대인관계의 조절효과〉, 《정신건강과 사회복지》, 45(1).

4. 마음 단련

김주환, 2023, 《내면소통》, 인플루엔셜.

김성윤, 2023, '정신과 교수가 말해주는 운동을 해야 하는 의외의 이유', 의학채널 비온뒤, 유튜브 영상.

5. 몸 단련

무라카미 하루키, 2007, 《달리기를 말할 때 내가 하고 싶은 이야기》, 임홍빈 역, 2009, 문학사상.

7. 나를 위한 용기

Joiner Jr., T. E., 2005, 《Why People Die by Suicide》, 김재성 역, 2012, 《왜 사람들은 자살하는가?》, 황소자리.

Joiner, T., 2010, 《Myths about suicide》, 지여울 역, 2011, 《자살에 대한 오해와 편견》, 베이직북스.

Van Orden, K.·Witte, T.·Cukrowicz, K.·Braithwaite, S.·Selby, E.·Joiner, T., 2010, 〈The Interpersonal Theory of Suicide〉, 《Psychological Review》, 117(2).

8. 마음 풍선

강원도광역정신건강복지센터·국립춘천병원, 2016, 단기직업재활 프로그램 매뉴얼: 함께 손 Job Go.

9. 회복 탄력성

김주환, 2011, 《회복탄력성》, 위즈덤하우스.

4부 의미수호

George E. Vaillnat, 2002, 《Aging Well》, 이덕남 역, 2010, 《행복의 조건》, 프런티어.

5부 승화와 통합

나태주, 2023, 《약속하건대, 분명 좋아질 거예요》, 더블북.

1. 행복의 정의

Martin E. P. Seligman, 2004, 《Authentic Happiness》, 김인자 역, 2006, 《긍정심리학》, 물푸레.

Christopher Peterson, 2006, 《A Primer in Positive Psychology》, 문용린·김인자·백수현 역, 2009, 《긍정심리학 프라이머》, 물푸레.

3. 행복의 실현

Diener, E., and Seligman, M. 2002, 〈Very happy people〉, 《Psychological Science》, 13(1).

Seligman, M. 2011, 《Flourish》, Simon and Schuster.

최인철, 2018, 《굿 라이프: 내 삶을 바꾸는 심리학의 지혜》, 21세기북스.

5. 희망을 보았는가

Mark Manson, 2019, 《Everything Is F*cked: A Book About Hope》, 한재호 역, 2019, 《희망 버리기 기술》, 임프린트 갤리온.

6. 단점에 가려진 장점

이경아·하경희, 2018, 《강점기반실천과 사례관리》, 공동체.

7. 인생의 선물

황정우·유수현, 2013, 〈정신장애인의 행복감 영향요인 연구〉, 《재활심리연구》, 20(2).

닫는 이야기

유시민, 2021, 《거꾸로 읽는 세계사》, 돌베개.